EN BUSCA DE LO INDISPENSABLE

CRISTIAN MENDOZA

EN BUSCA DE
LO INDISPENSABLE
Una propuesta actual en torno
a la pobreza y el bien común

EDICIONES RIALP
MADRID

ÍNDICE

PRESENTACIÓN

ESTE LIBRO NACE CON LA INTENCIÓN de echar una mirada a la panorámica de la pobreza. Durante muchos siglos la gran mayoría de la población permaneció materialmente pobre bajo una escasez casi invisible, porque la supervivencia era la norma social. Cuando la Revolución industrial arrancó a los campesinos de sus cultivos llevándolos hacia las fábricas, Manchester dobló su población en treinta años (1811-1841), pero miles de familias pobres en el campo encontraron la miseria en la ciudad. Esa interminable caravana, que va de una mala condición a una peor, existe todavía en nuestros días. Basta pensar que Shanghái duplicó igualmente su población entre 1980 y 2010. Los movimientos migratorios implican a unos ochenta y seis millones de personas en todo el mundo, casi todas invisibles. Se trata de quienes han dejado su propia tierra en búsqueda de mejores oportunidades, sobre todo económicas, pero también sociopolíticas[1].

---

[1] Cf. HACKL, A. (2018) Mobility equity in a globalized world: Reducing inequalities in the sustainable development agenda. *World*

Sin embargo, los más pobres no se mueven, porque la miseria no deja fuerzas para hacerlo. Únicamente quienes pueden disponer de un excedente de ingresos equivalente al veinte por ciento de sus recursos anuales, pueden escapar de la trampa de la pobreza[2]. El resto vive sumergido bajo la línea de flotación, afrontando su condición como un destino. El combustible que alimenta el esfuerzo humano por superar esa sentencia final es el miedo, el temor a perder un bien preciado: la vida. Guías espirituales del cristianismo, del islam, del hinduismo, del budismo o del judaísmo podrían constatar que solo esta pasión irracional empuja hacia lo desconocido, a arriesgarlo todo por un futuro mejor.

Innumerables centroamericanos abandonan su tierra cada año rumbo a los Estados Unidos, pagando miles de dólares, en la incertidumbre total, a sabiendas que pueden ser secuestrados o asesinados en el camino. Muchos se pierden, otros desaparecen y algunos afortunados superan la prueba y pueden recrear su destino. Más de un millón y medio de inmigrantes cruzan el Mediterráneo desde África hacia Europa. En proporción con el total de personas que abandonan su propio hogar, en búsqueda de un país más propicio para el desarrollo, son pocas. No obstante, la mitad de los náufragos del mundo que mueren cada año en el mar culminan su vida en el Mediterráneo. En 2015,

Development, 112, 150-162. https://doi.org/10.1016/j.world-dev.2018.08.005. p. 151.

[2] Cf. UN Migration Report 2022. Disponible *online*: www.migrationnetwork.un.org

más de mil quinientas personas se ahogaron rumbo a Europa en unos pocos días del mes de abril... sin saber qué hacer, llenos de miedo[3].

El desafío que abordamos no se limita a los recursos materiales. En nuestros días, más de trescientos millones de personas sufren de depresión y unos doscientos cincuenta millones tienen crisis de ansiedad. Esto significa que una población mayor que toda la Unión Europea está deprimida o ansiosa[4]. No siempre se puede afirmar que este tipo de situaciones tienen su origen en elecciones equivocadas, por lo que cabe cuestionarse si no hemos creado una sociedad que nos estresa. Hay quien sugiere que la sobreabundancia de información nos confunde al punto de hablar de «infoxicación». No falta quien afirma también que los bienes materiales han perdido su carácter relacional para aislar a sus usuarios, llegando incluso a someter a las personas al cuidado de las cosas. Benedicto XVI lamentaba que en nuestros días hemos creado capitales anónimos, que nadie sabe a quién pertenecen, pero que son capaces de someter al hombre e incluso de aplastarlo[5]. Son los nuevos ídolos que son adorados, y ante los cuales es posible sacrificar la verdad y hasta la vida.

La imposibilidad de expresar libremente las propias opiniones, de profesar la fe o de resistir a la

[3] Cf. Migration Policy Institute Report. Disponible *online*: www.migrationpolicy.org

[4] DOMINGO OSLE, Rafael & RODRÍGUEZ-FRAILE DÍAZ, Rodrigo. 2022. *Espiritualizarse.* p. 19. disponible *online*: www.espiritualizarse.com

[5] BENEDICTO XVI. *Homilía.* 24 octubre 2010. Disponible *online*: www.vatican.va

fuerza del pensamiento único, se hace cada vez más acuciante. Una profesora de filosofía pidió a sus alumnos que, si alguien llegaba tarde, todos dijeran que la carpeta verde que les mostraba era roja. Un alumno llegó tarde y la profesora comenzó su juego y preguntó. Todos dijeron que era roja, y también el alumno impuntual, por mucho que la viera verde. Ante las risas de todos, quiso excusarse. «No sufra —añadió la profesora—, somos muy sumisos. Nietzsche ya afirmó con amargura que el hombre es el único animal que necesita un amo para sobrevivir». Cargamos una evidente pobreza racional.

Podemos dar un paso adelante. La Ilustración y el creciente fenómeno de la secularización han ido paulatinamente colocando al ser humano en el centro de la investigación científica y de todo desarrollo social. En un mundo poshumano, son numerosas las empresas que ofrecen congelar los cadáveres a muy baja temperatura, a la espera de la tecnología que les permita volver a vivir. El éxito de este tipo de negocios, sobre todo en China, es inquietante. Lo es porque sus clientes no se resignan a entregar aquello que consideran como propio, cuando el problema es precisamente que la vida no es propiedad privada. Las religiones abramíticas —el judaísmo, el cristianismo y el islam— nos hablan de un Creador de todas las criaturas como dador de vida. Hacerse con el poder de decidir sobre la vida y la muerte, de los niños o de los ancianos, de los enfermos o de los más débiles, es arrogarse el «ser como dioses», origen de todo mal y mentira. Muchas otras tradiciones espirituales subrayan también «la sacralidad de la vida». Si ahora no tenemos tiempo para tratarlas adecuadamente, no es por restarles importancia, sino para animar a sus exponentes (del hinduismo, del taoísmo, del budismo, etc.), a hacer propuestas actuales que permitan a todos espiritualizar la actividad cotidiana. Lo mismo vale para quien no posee ninguna religión, pero cuenta con un sentido sustancial del bien del hombre, ya que acoger y preservar la vida es una actitud espiritual que no necesariamente está ligada a una fe religiosa.

La negación de lo sagrado y de la divinidad precipita al hombre a la superficialidad y a la rutina, tejiendo su existencia con un tedio insoportable. La persona desea de manera natural autotrascenderse y dejar en esta tierra una huella que pueda orientar a quienes vengan después. Pero al aferrarse al presente, el ciudadano moderno demuestra su pobreza espiritual, porque no percibe la falta de Dios como un problema. Piensa que Dios no le hace falta.

Cada generación está llamada a remendar los desgarrones de su sociedad. Uno de estos es, sin duda, la pobreza material, racional y espiritual de los pueblos. Entre los autores que consideramos, algunos han emprendido importantes proyectos sociales, otros forjan teorías para dejar atrás la ignorancia o la injusticia. Y no faltan quienes, movidos por su creencia, persiguen bienes capaces de satisfacer más hondamente el alma humana. Cabrían sin duda otros autores, y más perspectivas; no obstante, recogemos numerosos ejemplos de lucha contra la miseria y la ignorancia de los más desfavorecidos.

La complejidad de la cuestión requiere la intervención de expertos en política, economía, sociología, etc. Pero también psicólogos, educadores, médicos, etc. De algún modo, es una lacra persistente, y tal vez sin una solución definitiva. Por eso, la dimensión espiritual representa un papel muy importante. En el pasado, algunas teorías sociales prometieron un gran desarrollo material, ilimitado, que nos traería bienestar y felicidad. Con gran expresividad, Pablo VI recordaba que el hombre puede organizar el mundo sin Dios, pero al hacerlo de esa manera terminaría organizándolo contra el hombre.

I.
LA POBREZA ES UN PROBLEMA
HUMANO MUY COMPLEJO

1. ¿Hay solución?

Antes de comenzar la reflexión sobre un problema
conviene considerar si hace falta hacerlo, o si en cambio nos supera tanto que no tiene sentido plantearse
una solución. Esto es especialmente importante si
se trata de una cuestión antigua o si, a pesar de ser
reciente, ha sido tratada ya antes por personas más
competentes que nosotros. La pobreza es uno de
esos problemas viejos, que además ha sido estudiado
a lo largo de los siglos por estadistas, pensadores, políticos y líderes muy capaces. No obstante, tenemos
todavía buenas razones para preguntarnos sobre la
pobreza a nuestro alrededor y sus soluciones o, al
menos, plantearnos qué hacer.

En primer lugar, la pobreza material o racional
de los demás es una ocasión para generar riqueza
racional o espiritual en nuestras vidas. No es fácil seguir adelante en la vida y cerrar un ojo ante

los más vulnerables; y esto sucede siempre, puesto que, aunque cada uno de nosotros pudiésemos considerarnos pobres, siempre habrá alguien más necesitado que nosotros. Es verdad que, desde hace ya siglos, han convivido los pobres con individuos inteligentes, capaces de mejorar el estado de la humanidad, y el hecho es que la pobreza no sólo no ha sido superada, sino que parece difícil erradicarla. No obstante, la condición humana –al menos desde un punto de vista material– ha mejorado notablemente. Gracias a los descubrimientos médicos, al mayor acceso de todos a productos de higiene y de vestido, a una división del trabajo que ha disparado la productividad en casi todos los sectores de la industria, etc. se puede afirmar que las condiciones básicas de los hombres y las mujeres han ido mejorando con el paso del tiempo.

En segundo lugar, si bien la pobreza es una constante en la historia de la humanidad, en nuestros días adquiere matices diferentes. Existen *nuevas* pobrezas y por eso vale la pena plantearse si podemos contribuir con soluciones actuales a estos problemas. Algunos autores terminarán por afirmar que no existe un mecanismo para superar del todo la pobreza, otros dirán que el estado del mundo es mucho más satisfactorio que en la antigüedad y por tanto la pobreza actual es sólo marginal; lo cual puede ser cierto, pero esa constatación no nos libra de una cierta inquietud ante la situación del mundo y de tantas personas que, muy cerca de nosotros, sufren de hecho tantas pobrezas. Comencemos por este segundo motivo.

La pobreza es un problema muy actual

Una fundamental razón que nos mueve a estudiar la pobreza es que en la actualidad se presenta en escenarios distintos, antes inexistentes. Son ciertamente pobres muchos inmigrantes que llenan las ciudades de Europa o América del norte en busca de una vida económicamente mejor. Pero también son pobres, aunque en otro sentido, los *hikikomori*, adolescentes o jóvenes que consagran su vida a los videojuegos sin abandonar su casa a veces por varios años, para escapar de toda presión social, situación que constituye un problema especialmente preocupante en Japón, donde hay más de medio millón de personas sumida en esa condición de estrecho horizonte existencial. Y, podríamos decir, son pobres también quienes viven en la ignorancia de un horizonte más allá de lo inmediato, de lo que responde al instinto humano. La pobreza humana vendría a ser como una hiedra que crece a lo largo del tronco del desarrollo humano, se apoya en él y no parece abandonarlo jamás.

Algunos autores observan la dificultad de medir la pobreza, puesto que "ser pobre" parece sencillamente algo que se refiere a unas pautas económicas, expresadas como línea concreta o valor arbitrario concretado por la comunidad internacional. Esta línea ha sido fijada en las últimas décadas por el Banco Mundial en capacidad económica equivalente a poco menos de dos dólares al día, lo que significa que alrededor de setecientos millones de personas viven por debajo del umbral aceptable. Además, la pandemia del coronavirus, que ha lanzado a la pobreza extrema más de ciento cincuenta millones de personas en todo el mundo[1] que vivían por encima de esa línea, ha llevado a cuestionarse si aquel sueño del crecimiento económico constante y que llegaría a numerosas personas es realizable. La pobreza, en este sentido, iría más allá de un valor económico, sino que se referiría más bien al modo en que el individuo consigue situarse ante la realidad –muchas veces adversa– en la que vive.

La pobreza nos lleva a encontrarnos con todos

La segunda razón que nos lleva a meditar sobre este delicado problema está en la reacción que tienen ante la pobreza aquellos que no son pobres, al menos en cierto sentido, porque en realidad todos podemos encontrarnos necesitados de algún bien humano. Algunos autores observan que la pobreza persiste no sólo por la imposibilidad de prever todos los problemas que debe afrontar la humanidad, sino también como resultado de la libertad humana.

Con frecuencia, no es posible responsabilizar a los pobres de su condición, puesto que la causa que imposibilita el cambio en esa situación depende de la libertad de sus gobernantes o de los propietarios de los medios de producción del ambiente en el que viven.

En otras circunstancias no resulta descabellado pensar que cabría esperar una actitud proactiva de quienes carecen de medios suficientes, de modo que sus esfuerzos contribuyesen a la mejora de sus condiciones.

---

[1] Cf. www.povertydata.worldbank.org

Se puede afirmar que cada región del mundo afronta sus propios problemas y que, por consiguiente, la pobreza reviste, en cada lugar, una narrativa diferente. Por eso, la mirada objetiva que tiende a establecer una frontera cuantitativa para la pobreza puede complementarse con una posición subjetiva que se dirija a las cuestiones individuales. Aunque es cierto que la línea subjetiva es difícil de abordar, puesto que exige la consideración de demasiadas variables (hasta hace pocos años difíciles de conocer), permite poner la persona en el centro. Y quizá cancelar ese viejo prejuicio de que los pobres son culpables por haber dedicado sus energías a sobrevivir o poco más, o aquel otro cliché de que la carencia de educación y la pobreza se nutren recíprocamente.

Las universidades más prestigiosas del mundo estudian las narrativas de la pobreza, de modo que se atienda a la multiplicidad de grupos de hombres y mujeres que pueden merecer un destino diverso. En este contexto, consideramos que cabría añadir una sencilla aportación: pensar que la pobreza no forma parte de la natural condición humana. Que todo hombre aspira a la riqueza, entendida como desarrollo integral. Nadie pretende que su vida conste de horizontes estrechos, que carezca de lo mínimo indispensable o de instrucción. La dignidad, en ese sentido, parece un deseo humano compartido. Tal vez, porque haya algo más de fondo.

La consecuencia de la postura anterior no puede ser otra que la de comprender que la responsabilidad de la pobreza es compartida: no pertenece sólo a los pobres sino también a quienes no lo son. La indiferencia ante la pobreza ajena es dañina, como afirma el papa Francisco damos lugar a una sociedad que «busca construirse de espaldas al dolor»[2]. Al contrario, asumir como propia la condición de los demás, puede engrandecernos y llevarnos a hacer más en nuestra vida. Algunos expertos, como Martin Burt, que ha sido alcalde de Asunción (Paraguay) y ha dedicado muchas energías a un proyecto internacional de medición de la pobreza bajo la forma de un semáforo, se han cuestionado de manera atenta sobre quién recae realmente la "propiedad" de la pobreza, es decir ¿quién es dueño de la pobreza? Este autor se plantea de quién es la primera responsabilidad para salir de esa situación, y cómo dar la formación para que cada persona tome la decisión de trabajar o de pedir ayuda para superar finalmente su pobreza[3].

Por eso, nos preguntamos al hilo de este ejemplo si existe un paradigma que traslade el foco de las razones de la pobreza a las personas pobres. Un paso más en esta reflexión nos permite también expresar que, así como no hay hombres que tiendan a la pobreza, tampoco a la soledad. Y, posiblemente –esto supone una aproximación superficial– la mayor riqueza provenga precisamente de las relaciones. Lo que nos mejora y nos dignifica, lo que embellece y concede una riqueza propiamente humana tiene que ver con lo personal y, por tanto, con lo que de los demás tiene que ver conmigo, con las relaciones personales. Ese tipo de intercambio es el que interesa.

---

[2] FRANCISCO. *Fratelli Tutti*. n. 65. Disponible *online*: www.vatican.va
[3] Cf. Martin BURT, *Who owns poverty?*, IPG: Chicago 2019.

La riqueza humana debería nacer de las relaciones con los demás. El salario enriquece sin duda a una persona, pero igualmente lo enriquece un saludo, un poco de tiempo, una oración.

En un encuentro del papa Francisco con un joven empresario que guiaba un proyecto social—una escuela y una fundación que becaba a chicos de escasos recursos para darles una buena educación—se mostraba muy contento de la iniciativa, así que le preguntó: «Y usted, ¿qué hace con los chicos?». Un tanto desconcertado, el interpelado emprendedor se limitó a responder algo obvio: «Tengo una escuela y consigo recursos para que puedan estudiar jóvenes con menos oportunidades». El papa volvió a exponer su pregunta de otra manera: «Sí, es muy bueno, pero ¿*camina* usted con ellos?, ¿juega con ellos?, ¿los conoce?».

No es la única ocasión en que el Santo Padre ha formulado la posibilidad de establecer una relación con aquellos a quienes se ayuda. Nos ha invitado: «Cuando des limosna, no tires simplemente la moneda, sino toca la mano, mira a los ojos»[4]. En otras palabras: la relación humana es lo que nos permitirá comprender a fondo quién se esconde detrás de la situación desfavorecida.

Todos necesitamos —en un sentido u otro— de los demás; y cuando nos encontramos con alguien que es pobre de alguna manera, puede que lo sea por la falta de condiciones para trabajar: porque no está preparado, porque no sabe o porque no tiene con quién o para quién hacerlo. Establecer una relación

---

[4] FRANCISCO. *Discurso*, 7 agosto 2013. Disponible en www.vatican.va

personal con alguien vulnerable, nos permite darnos cuenta de que nuestra fuerza –económica, racional, espiritual– tiene un sentido: la posibilidad de levantar al otro. Entonces se multiplica no sólo nuestra capacidad e intención de ayudar, sino que descubrimos una misión en lo que somos y tenemos. Justamente por esto el problema de la pobreza ha de ser considerado ante todo por quienes no son pobres en *algún* sentido, aunque sobre este punto volveremos más adelante. Nuestra intención, por ahora, es descubrir en cada encuentro personal cuál es la pobreza del otro, para compartir nuestros recursos, nuestros conocimientos o nuestro tiempo; esto, por el modo en que está hecho el individuo humano redunda casi siempre al mismo tiempo en una riqueza personal y aumenta el bien común de la sociedad.

Las pobrezas y las riquezas se acumulan

Al inicio de este capítulo expresábamos que alcanzar el desarrollo no es tarea fácil. De hecho, la pobreza no ha sido superada por muchas generaciones de individuos, y no hay duda de que, en ocasiones, han sido muy brillantes. Nos parece, en todo caso, que lo natural para el hombre no es conformarse con la miseria, con la violencia, con la ignorancia. La preocupación por los demás y el deseo de *levantarlos* es fruto de la inquietud por el propio dolor ante nuestros límites y la gratitud para quienes nos han ayudado. Si no existiese una inquietud por los demás, quizá se debiera a no haber experimentado en nuestra vida un serio dolor al percibir nuestros límites, o porque

24

nadie en realidad nos haya jamás aliviado en nuestras necesidades. Por esto, tal vez el papa Francisco considera que «no es una opción posible vivir indiferentes ante el dolor, no podemos dejar que nadie quede "a un costado de la vida". Esto nos debe indignar, hasta hacernos bajar de nuestra serenidad para alterarnos por el sufrimiento humano»[5]. El paradigma que nos figuramos acerca de la persona pobre –por sorprendente que pueda parecer– depende de la comprensión en nuestra vida del beneficio del bien común (en sentido amplio) o, para quienes tenemos fe, de la tarea que comprendemos que Dios ha puesto en nuestras manos, de lo que nos corresponde cara a Él y cara a los demás mientras vivimos.

La pobreza resulta tan difícil de resolver porque está entretejida con las constantes cuestiones humanas acerca del dolor y del mal en la vida de las mujeres y de los hombres. En realidad, nos empobrece aquello que disminuye nuestra propia dignidad, y al escuchar historias de pobreza verdadera surge de alguna manera la intención y el deseo de hacer *algo*.

En Colombia, un joven salió de casa después de haber discutido con su padre, que era un humilde trabajador de una industria. El padre había corregido a su hijo, posiblemente con razón, y después le pidió que hiciera algunas compras en el supermercado más cercano. No regresó aquella noche. Llamaron a la policía situada en su barrio, uno de los más pobres de la ciudad. Al enterarse de que era un adolescente, la

---

[5] FRANCISCO. *Fratelli Tutti. Encíclica sobre la fraternidad universal humana*, LEV: Città del Vaticano 2020. n.º 68.

policía informó a la familia que no harían nada porque podría estar en casa de su novia o de un amigo. Después de una semana los padres insistieron y la policía accedió a controlar la cámara de vigilancia del supermercado en las grabaciones del horario en que el joven había acudido allí. La cámara había registrado al joven cuando entró y también cuando salía, ya con la compra en sus manos. Con esta certeza, la policía accedió a verificar las cámaras de los diferentes negocios de la calle en el mismo horario en que el chico abandonó el primero. Encontraron una cinta donde se veía que el joven quedaba paralizado ante un coche que se le acercó a gran velocidad: los que iban allí dentro le colocaron una bolsa oscura en la cabeza y se lo llevaron, junto con todo lo que tenía. La policía advirtió entonces a los padres que eran más de setenta casos de jóvenes entre 17 y 20 años secuestrados de esa misma manera en aquel barrio. Los criminales sabían que las familias no tenían los medios para recuperar a sus hijos, y probablemente terminarían sus días como esclavos en las minas clandestinas del país. No lo volverían a ver nunca. La pobreza material de una familia quedaba así colmada por la pobreza racional de la violencia humana, por el riesgo de la libertad de aquellos que prefieren un bien falso al respeto de la dignidad de los demás.

Resolver esta pobreza es afrontar un problema muy grande, muy complejo, y que es responsabilidad, si no de todos, por lo menos de muchos. Siguiendo con nuestro ejemplo, hablar de desarrollo a esta familia —y como estas hay miles de casos e incluso más duros— no es hablarles de riqueza material ni de bienestar, porque un ser querido no tiene precio. El desarrollo, en el presente caso, se encuentra únicamente en el horizonte trascendente, en la esperanza de un encuentro futuro con su hijo en el Cielo.

El desarrollo no es crecer siempre

En este último punto de nuestra introducción encontramos un interesante desafío al concepto actual de desarrollo. Mejorar la condición humana no significa necesariamente acrecentar la cantidad de bienes materiales que se poseen, sino que se ha de atender al modo en que la persona se sitúa ante su propia realidad y al modo en que reacciona ante ella. De la misma manera —es un ejemplo sencillo— que algunos bienes materiales mejoran cuando pierden volumen e hidratación, así también el tiempo humano puede mejorar cuando se comprime y se reduce, puesto que permite al individuo elegir aquellas actividades que verdaderamente le enriquecen. Igualmente, quien tiene muchas ocupaciones en servicio de los demás, puede transformar su quehacer ordinario en contemplación de Dios (reflejado también en las personas a las que se dedica), cosa que, si tuviera demasiado tiempo a disposición, tal vez no haría. El desarrollo no es idéntico a la riqueza material, y la pobreza no es lo mismo que una mera falta de bienes materiales. Puede darse una gran falta de bienes materiales e incluso una grave situación no elegida. Pero si se aportan bienes racionales y espirituales de valor, es posible que quede mitigada por la fuerza precisamente de esos añadidos. Del mismo modo, quien se proponga como tarea afrontar el problema de la pobreza en su vida o en la de los demás, puede echar mano de bienes materiales, racionales y espirituales y no sólo de los primeros.

Don Luigi Giussani, sacerdote católico fallecido en 2005 con fama de santidad y fundador del movimiento Comunión y Liberación, gran teólogo, tuvo ocasión de proporcionar una interesante enseñanza en ese sentido. Dos personas que seguían su carisma manifestaban su disgusto porque habían dado dinero a una indigente para comprar comida. Ella, en lugar de comprar alimentos, decidió adquirir algunos cosméticos sencillos. Quienes habían dado la ayuda económica pensaban que la mujer había malgastado ese dinero, pero don Luigi, mirándolos a los ojos, les preguntó: «Y ustedes ¿cómo pueden saber qué es lo que esta buena mujer necesitaba en ese momento?». Para don Luigi era posible que tuviera más necesidad de sentirse bella que de comprar alimentos. Podríamos decir con los términos que empleamos en este estudio que era más necesaria en su vida la riqueza racional que la material. Esta profunda lección, que hemos resumido de manera sencilla, puede adquirir dimensiones insospechadas para quienes se plantean el desarrollo material de las personas y en los pueblos.

Abhijit Banerjee es un profesor de economía casado con Esther Duflo, otra famosa economista. Esta pareja recibió, junto con otro profesor, el premio Nobel de Economía en 2019 por su aproximación experimental a la lucha contra la pobreza global. Estos autores han publicado un artículo donde recuerdan que no parece posible para la ciencia económica explicar el desarrollo humano desde una perspectiva matemática. En su opinión, la medida del crecimiento expresada como cantidad económica en producto interno bruto es un instrumento insuficiente. Su teoría económica sostiene que el verdadero desarrollo humano va más allá: la acumulación material no es inmediatamente entendida como desarrollo. Banerjee y Duflo argumentan que, en los países donde hay recursos económicos, suele darse también un mayor orden legal, más garantías para la libertad de los ciudadanos, un cuidado mayor del individuo y de la naturaleza, etc. De ese modo, si se afirma que hay desarrollo humano cuando se alcanza un cierto nivel de riqueza material es porque junto a esa riqueza hay también muchos otros elementos que caen fuera de las medidas económicas. Como enseñan estos economistas, suele afirmarse que un Estado promueve el desarrollo al otorgar buena educación a sus ciudadanos. Deberíamos entonces considerar que, cuando lo consigue, es una comunidad humana que también cuida el trabajo, el orden legal, el ahorro voluntario, la inversión en instrumentos de producción, infraestructura, etc. La comunidad humana genera el desarrollo gracias a una serie de virtudes y elecciones que operan todas juntas, de manera que el desarrollo no se alcanza simplemente al multiplicar la riqueza material. Por este motivo, en los países desarrollados es donde cada vez se generan más ideas y productos, mientras que en los pobres no resulta posible, ya que se "hacen" pocas cosas y, además, en todo eso ya van por delante en los países más ricos. En definitiva, la teoría científica de estos economistas coincide con la experiencia pastoral de don Giussani: el camino para el desarrollo del mundo –o de una sociedad determinada– está más en conocer las necesidades de los ciudadanos pobres (con frecuencia lejanas al estricto aspecto material), que en seguir las estrategias de crecimiento económico diseñadas por quienes nunca han experimentado la pobreza[6].

Al final cabe afirmar que encontramos una buena razón para reflexionar acerca de la pobreza: el individuo, cada uno de nosotros, es *pobre* en algún sentido; y la pobreza no puede medirse sólo en términos económicos, porque no se trata sencillamente de una cantidad de bienes materiales, de un ambiente donde vivir o de un número de horas de escolaridad. Ha de medirse atendiendo a la naturaleza humana, de modo que se pueda emprender un cambio más profundo en quienes la padecen. Si la pobreza es sobre todo una situación humana, la mayor parte de la población del mundo puede situarse ante ella y considerar cuál es su tarea. Para millones de personas, la pobreza es una constante de su vida, para otros se trata de un momento transitorio; para muchos la pobreza es la realidad del prójimo y, para unos cuantos… se convierte en una responsabilidad, porque quien posee mayores recursos económicos, racionales o espirituales, tiene también una mayor responsabilidad por aumentar el bien común.

---

[6] Abhijit BANERJEE. Esther DUFLO. "How Poverty Ends: The Many Paths to Progress and Why They Might Not Continue". *Foreign Affairs* 2020 (January/February) pp. 22-29, p. 29.

2. Definición de pobreza

«La pobreza es la falta de bienes humanos necesarios para el desarrollo de la persona»[7].

Con ánimo de profundizar en la definición apenas esbozada nos gustaría detenernos en cada uno de los conceptos que, como un mosaico, conforman la definición de pobreza que deseamos utilizar aquí. Se trata de tres dimensiones del mismo problema: una de índole material, otra racional, y una tercera, espiritual. La pobreza material es la escasez de recursos materiales necesarios para la vida: nutrición, agua potable, viviendas dignas, infraestructuras, etc. La pobreza racional es la falta de aquellos bienes que elevan el espíritu humano más allá de lo inmediato: la educación, la cultura, el orden social, la garantía de la ley, etc. La pobreza espiritual es la ausencia de Dios en la propia vida, la falta de referencias trascendentales, la imposibilidad de descubrir el bien, la verdad y la belleza a nuestro alrededor, etc.

Pobreza es falta y no sólo escasez de bienes humanos

En primer lugar, hablamos de falta y no sólo de escasez de esos bienes con la intención de subrayar el carácter no elegido de esa condición. Podría suceder por ejemplo que alguien decida consumir escasos alimentos; pero si por ejemplo lo hace por razones de salud, no tiene razón de falta de esos alimentos, sino

---

[7] Cf. J. F. Kavanaugh, *Faces of Poverty. Faces of Christ*, Orbis Books, Mary Knoll, New York 1991.

que ha elegido reducir su consumo. O bien, la escasez de tiempo para la propia formación intelectual podría no ser una pobreza cuando ese tiempo se dedica de manera generosa a la propia familia o a personas que a nuestro alrededor necesitan de nuestra atención y ayuda. Los bienes espirituales, al menos dentro de la tradición judeocristiana, son un don de Dios y sería más difícil medirlos en términos de escasez elegida por la persona. No obstante, consideramos posible afirmar que la ignorancia de Dios constituye una verdadera pobreza; lo veremos más abajo.

Los bienes humanos fundamentales son en primer lugar bienes materiales, por la naturaleza corporal del individuo. Estos bienes evidentes son buscados por todos: alimento, vestido, medicinas, habitación, etc. Además, puesto que el ser humano es un animal racional, requiere de bienes de naturaleza racional que son fruto de la educación, de la pertenencia a un núcleo familiar y a una comunidad. Finalmente, los bienes necesarios para el desarrollo del individuo responden también al carácter trascendente de la naturaleza humana. De hecho, el individuo se percibe como un momento en la historia y, por lo general, desea dejar huella en las generaciones futuras. La trascendencia de la vida humana encuentra como bien principal la relación con Dios y por tanto podemos también afirmar que los bienes espirituales son necesarios para el desarrollo de la persona. Podrían, sin duda, hacerse consideraciones más detalladas de los bienes humanos y sugerir la posibilidad de bienes psíquicos, existenciales, etc. Baste por ahora indicar que estas tres dimensiones de la naturaleza humana: la material, la racional y la espiritual son una posible ruta para abordar la pobreza como un problema humano. Ruta que deseamos recorrer a lo largo de estas páginas.

Hemos elegido ceñirnos a estas tres variables y nos parece un punto importante, ya que por una parte hay numerosos caminos para comprender e intentar resolver —en la medida de lo posible— la pobreza. Por otra, debemos limitarnos a la consideración de los bienes humanos esenciales porque tratar sobre la pobreza presenta en sí mismo una dificultad. Como afirma el cardenal Raniero Cantalamessa, quien desee escribir sobre la pobreza con seriedad y atención, deberá esforzarse por hacerlo sin hipocresía. En el fondo podríamos tratar de algo desconocido, ya que no es difícil darse cuenta de que no somos suficientemente pobres para escribir sobre la pobreza[8]. Cantalamessa recorre no obstante el camino de la pobreza humana bajo su propia perspectiva, que es la de un autor de espiritualidad cristiana. En este sentido distingue la pobreza espiritual de la material, ya que la actitud de desprendimiento de los bienes creados —una sana pobreza espiritual— es en realidad un bien para el ser humano. Por el contrario, la pobreza material entendida como una falta de bienes materiales necesarios, es algo que en mayor o menor medida termina por dañar al individuo. Cantalamessa recuerda además que ambas pobrezas, la material y la espiritual tienen grados distintos, de manera que una persona puede sentirse pobre, pero serlo sólo de manera subjetiva. En cambio, existe una pobreza objetiva donde los bienes

---

[8] Raniero Cantalamessa. *Povertà*. Ancora: Milano 2014, p. 13.

humanos que exige el desarrollo de la persona no se den. En definitiva, la pobreza más dura para el hombre es la pobreza material objetiva. Aunque en todo caso la pobreza más dañina para la vida humana está en la ausencia objetiva de bienes espirituales, porque la vida humana no puede transcurrir sin un motivo "que resuelva el dilema de la propia existencia".

Este modo de decir, más allá de ser una feliz expresión que debemos a Jacques Maritain[9], puede abordarse de modo muy concreto: la vida se comprendía por una parte como el transcurso de un camino donde cada uno de nosotros ha sido enviado para algo, es decir con carácter de misión. Y por otra, la propia existencia podía considerarse como una llamada para transformar el propio entorno y a los demás de la mejor manera posible, es decir como una vocación. Lord Jonathan Sacks, que fue rabino de Londres casi hasta el final de su vida, cuenta la historia de un joven inglés que se lanzó a dar la vuelta al mundo apenas terminada la educación necesaria para ingresar en la universidad. Se trataba de un año sabático –al estilo de algunos de los hijos de las familias más ricas del Reino Unido– en el que este joven se había dedicado a dar la vuelta al globo en un velero. En medio de su divertida soledad, el inglés se detuvo en la India y encontró a un niño muy pobre que lo conmovió. El joven se acercó al pequeño y le rogó sinceramente que le pidiese algo, lo que fuera. El niño lo miró un poco extrañado y le dijo: «Me gustaría que me diera

[9] Jacques MARITAIN. *The Person and The Common Good.* Notre Dame University Press: Indiana 1972 (1947), p. 39.

un lápiz». El joven inglés le repitió la invitación insistiendo: «No has entendido bien, yo puedo darte todo, absolutamente todo, lo que quieras». El niño sencillamente repitió: «Yo quiero que me dé un lápiz, porque me gustaría poder hacer mis deberes». El rabino de Londres encontró a este joven inglés veinticinco años más tarde, y para entonces había ya fundado más de doscientas escuelas para niños con escasos recursos, muchas de ellas en la India. El joven había descubierto de manera personal y sincera su propia vocación o misión en la vida o −en otras palabras− halló aquello que resolvía el dilema de su propia existencia. La vida humana no es nunca un yo lleno de éxitos, sino que −como afirmaba el rabino Sacks− es «un nosotros en apoyo mutuo»[10].

Para quien goza del don de la fe, la vocación y la misión tienen como punto de referencia a Dios que es quien llama y quien envía al ser humano a vivir la aventura de su propia existencia. Sin ánimo de ahondar en este discurso, que nos llevaría muy lejos, podemos simplemente recordar que este modo de entender la vida no es exclusivo de la tradición judeocristiana, sino que se encuentra en la tradición filosófica griega. La historia de la *Odisea* escrita por Homero no es sino la narración del viaje de la vida de Ulises con aquellos más cercanos, con quienes compartía el pan, sus *cum panis* o compañeros. Si antes habíamos expuesto las razones que nos llevan a tratar sobre el problema de la pobreza, ahora subrayamos que la perspectiva

---

[10] Jonathan SACKS. *The Home We Build Together: Recreating Society.* Bloomsbury: London 2009, p. 110.

un tanto novedosa que tomamos es la consideración única y al mismo tiempo diferente del bien humano. Teniendo en cuenta el camino recorrido por Cantalamessa, nos gustaría mantener una perspectiva unitaria de los bienes materiales y espirituales, añadiendo aquí los bienes racionales para considerar la pobreza como un problema que se plantea a cada persona. A todos afecta y todos podemos interrogarnos acerca del sentido de nuestra pertenencia a la comunidad humana y sobre nuestra contribución al bien común, seguros de que cada individuo puede necesitar algo de nosotros, pero, sobre todo, de que cada persona nos necesita de algún modo.

En los siguientes apartados, como afirmábamos en la definición inicial de la pobreza, nos cuestionamos acerca de los bienes necesarios para el desarrollo de la persona: no todos los bienes humanos son realmente necesarios para el desarrollo personal, e incluso aquellos que lo son, no lo son en cualquier medida.

La naturaleza humana indica el peso
y la medida de los bienes

La naturaleza humana es normativa para nuestro vivir. Es decir, la medida de los bienes que necesitamos se encuentra regulada por la naturaleza humana y por tanto podemos recordar que, para tratar de la pobreza de manera real, podríamos atenernos a las exigencias de la naturaleza humana en todas sus dimensiones. Por ejemplo, parece evidente que el cuerpo humano es capaz de asimilar un cierto nivel de microorganismos y defenderse de muchas infecciones. No obstante, de acuerdo con las cifras oficiales, actualmente alrededor de mil millones de personas viven con infecciones gastrointestinales provocadas por gusanos que crecen en el organismo humano al beber agua contaminada[11]. No sería difícil afirmar que el agua que no posee las características para preservar la salud se encuentra por debajo de lo que exige la naturaleza humana: por tanto, la falta de agua potable es un indicador de pobreza material. Cuando se pasa del ámbito corporal al ámbito racional, que es más propio del hombre, la medida adecuada para la naturaleza humana se comprende como dignidad.

Un comportamiento que no respeta la dignidad humana –por ejemplo, una actividad que denigra a la mujer o fuerza a los niños a hacer trabajos que exceden sus fuerzas– es un comportamiento que daña de manera objetiva a la persona humana, porque ignora su dignidad: el abuso de la mujer o de los niños es justamente un indicador de pobreza racional.

Finalmente, también podría suceder que alguien no encuentre ninguna dificultad en ignorar o rechazar una dimensión trascendente en la propia vida, como dejar algo a las generaciones futuras o cuidar los recursos naturales que son de todos. Los bienes espirituales necesarios para el desarrollo humano no son siempre religiosos, pero son siempre trascendentes, porque constituyen una apertura ante lo que supera nuestra vida y nuestras fuerzas. Consideramos, por una parte, que la religión no es sólo una

---

[11] WEF. *Towards a New Global Consciousness. Vatican Event Report.* Global Agenda 2015. p. 5.

circunstancia más en la vida del hombre: para quien tiene fe, su religión es centro de su obrar y de su vida. Por otra, queremos sencillamente indicar que los bienes espirituales no quedan circunscritos a una religión. La actitud de admiración por la naturaleza o la contemplación de lo creado es muy propia también de la filosofía clásica. Aristóteles, de hecho, afirmaba que lo que desarrolla al hombre era la contemplación de las estrellas y la consideración del estado de la propia alma. La apertura a la trascendencia es una actitud que se apoya en una cierta situación del ser humano ante el mundo como un ser creado. Esta actitud para los cristianos es la actitud no solo de una criatura, sino de un hijo que depende para todo de su Padre Dios y que vive atento a su cuidado. En este camino hacia la trascendencia el individuo se desarrolla y encuentra la medida necesaria para su modo de ser plenamente humano.

3. LA POBREZA ES UN PROBLEMA MULTIDIMENSIONAL

El desarrollo humano como el mecanismo de un reloj: si falta una pieza, no arranca

Los más recientes estudios sobre la pobreza observan que tiene diferentes dimensiones. La pobreza es tan concreta como la falta de agua potable, de una adecuada nutrición infantil o de un sistema legal que garantice la igualdad de todos ante la ley. Es también resultado de un conjunto de elementos intangibles, aunque muy importantes: la inestabilidad política y la corrupción, la ausencia de comercio internacional, la falta de viviendas dignas y de acceso al sistema financiero, etc. La pobreza en ocasiones aparece como una marea de realidades que deberíamos distinguir una de otra si deseamos vislumbrar un camino para darle solución.

Con el fin de ilustrar lo que afirmamos, cabe recordar un sucedido. Hace algunos años un visitante caminaba por la universidad central de Yaoundé, en Camerún, un país que deja una gran huella en cualquiera que llegue a visitarlo por la alegría de sus habitantes. La universidad tenía el aspecto de un edificio al que se le podría dar mucho más mantenimiento, si se contara con los recursos necesarios para hacerlo. No parecía la intención del visitante criticar la situación de los ciudadanos, ni tenía sentido comparar una universidad en un país en vías de desarrollo con los grandes centros educativos de los países más ricos. El profesor visitante relataba simplemente que el joven que le acompañaba, llamado Gaël, pensaba que el problema de su universidad no estaba en la condición material de los edificios. Para el joven camerunés, el problema verdadero era que dentro de las aulas había tanta basura, que de los desperdicios nacían muchos mosquitos que picaban constantemente a los alumnos, y entonces era muy difícil concentrarse. Por la conversación, además, parecía que el joven estudiante no había comido y caía ya la tarde. Con delicadeza, llena del natural respeto que inspira la bondad de ese pueblo, el profesor inquirió: «Gaël, ¿has comido?». Con una cierta sorpresa, el alumno confirmó lo que pensaba el profesor: estaba en ayunas desde la mañana. Ante la insistencia y preocupación ingenua del profesor, el joven le informó que en su casa no comían todos los días, que ya comería al día siguiente. Y como colofón, añadió que en cuanto uno se acostumbra al hambre, pasa rápidamente.

Quien desee abordar el problema de la pobreza en este cuadro que acabamos de describir, podría considerar si no sería mejor comenzar por mejorar la infraestructura existente, o bien si el primer paso sería educar a los jóvenes para evitar que se acumulen desperdicios en las aulas. Algunos tal vez añadirían que los jóvenes no tendrán fuerza para recibir formación ni educación sin alimento, y mucho menos para colaborar en el mantenimiento de sus propias aulas. Una vez más, estamos ante un dilema circular, donde los que son menos favorecidos no tienen buena educación, pero no tienen buena educación porque son menos favorecidos. Sería mejor educar a un grupo de individuos para que regresen a sus países y entonces contribuyan al desarrollo local. Esto en realidad sucede, solo que quienes tienen acceso —por sus talentos o por los recursos de sus padres— a una mejor educación, raramente regresan a sus países, sobre todo si las naciones ofrecen muy pocas oportunidades para hacer valer lo aprendido.

El dilema puede extenderse a la dinámica social en sentido amplio. Podríamos considerar, por ejemplo, que los frutos de una educación más completa podrán recogerse en una sociedad que otorgue buenos empleos. Para tener buenos empleos hacen falta empresas productivas y, para que existan este tipo de empresas, hace falta buena infraestructura. Para que exista buena infraestructura se requiere de un orden legal, de una libertad comercial y de un mínimo de posibilidades de invertir en los diferentes medios de producción. El desarrollo, por tanto, es una tarea multidimensional cuyo crecimiento no se da progresivamente, sino que se alcanza en la medida en que se acumulan los diferentes elementos para alcanzarlo. Una vez que todos los elementos comienzan a coexistir, entonces se genera una gran riqueza económica, un buen orden legal, un buen sistema educativo, etc. Así como el mecanismo de un reloj no funciona mientras falte alguna pieza, lo mismo una nación no se desarrolla mientras no se consigan colocar muchos elementos al mismo tiempo. De ahí que haya países que tarden tantos años en alcanzar el desarrollo, a pesar de contar con muchos de los elementos necesarios para el desarrollo social.

La pobreza no existe, lo que existe son personas pobres

A la hora de reflexionar sobre la pobreza, en ocasiones se tiende a tomar al individuo como un ser predecible. Se dibuja la pobreza como una ecuación matemática y se invita a la iniciativa privada o pública, nacional o internacional, y a dar un *input* al modelo, con la intención de medir los resultados y establecer previsiones científicas del desarrollo. Sin quitar ningún mérito a todas estas importantes reflexiones científicas —fruto además de la generosidad de tantas personas que desean sinceramente ayudar al desarrollo de los pueblos—, podemos insistir en que la pobreza no existe, lo que existe son personas pobres.

Con esto nos gustaría sencillamente afirmar que cada individuo tiene una cierta autonomía y libertad para vivir su propia vida, sin quedar determinado por una condición personal a la pobreza. Pero esto significa además que el análisis científico que mide con gran profesionalidad los estándares de pobreza debería —como sucede cada vez más— tomar en cuenta a la persona en todas sus dimensiones. Por ejemplo, el profesor Ricardo Hausmann enseña que Ghana es uno de los países que más ha multiplicado a lo largo de los últimos años las horas de escolaridad de su población. No obstante, consiguiendo que un alumno medio pase no cuatro sino diez años en la escuela, Ghana no ha logrado un aumento del producto interno bruto y tampoco un desarrollo medible en términos de mayor libertad o paz social. Ghana es un país más educado, pero no más rico. Las causas pueden encontrarse en el concepto de educación que se tiene, ya que podría ser posible que pasar más tiempo en las aulas no signifique recibir una educación adecuada, por la ausencia de los profesores o por la poca calidad de los contenidos. Podría también suceder que las personas, a pesar de tener más educación, al final de su camino educativo no alcancen mejores oportunidades, porque el trabajo que de hecho pueden desarrollar es agrícola y daría lo mismo saber aritmética o química que no tener esos conocimientos, para trabajar dentro de las oportunidades que presenta el país. Lejos de ser un fracaso, en todo caso conviene considerar que Ghana ha resuelto uno de los problemas del desarrollo, ha puesto un elemento en la maquinaria, pero hacen falta otros más: una mayor infraestructura, una mayor inversión privada en nuevas fuentes de empleo, una mayor inversión en bienes de capital que permitan aumentar la productividad, etc. Por el contrario, Tailandia, al parecer, ha aumentado la escolaridad en igual proporción que Ghana y, además, ha conseguido añadir otros elementos del mecanismo del desarrollo, gracias a la fuerte inversión de empresas de la vecina república popular de China, lo que en pocos años ha enriquecido a Tailandia de manera muy notable[12].

Cada uno de los elementos del desarrollo es como una luz que se proyecta sobre la condición de la persona humana y, al recibir esa nueva luz, entonces el nuevo saber se proyecta bajo características concretas que ayudan a su familia y a su entorno. Muchas iniciativas importantes han llevado por ejemplo a construir pozos de agua en poblaciones del continente africano. Sin embargo, lamentablemente han visto sus esfuerzos frustrados después de pocos años, por no haber acompañado ese elemento del desarrollo con la educación adecuada para mantener los pozos y evitar que se sequen o pierdan su nivel de abastecimiento de agua. La educación humana no es solo técnica o científica, sino también familiar, cívica y trascendente. La infraestructura no consiste simplemente en dotar a las personas de una serie de instrumentos para que puedan utilizarlos, sino preparar al ser humano a poseer y a apropiarse de esos instrumentos como algo que le pertenece y que está para el

---

[12] Cf. Ricardo HAUSMANN. César HIDALGO. *The Atlas of Economic Complexity: Mapping Paths to Prosperity*. MIT: Cambridge MA 2013.

servicio de los demás. La radical capacidad de poseer es algo que determina al ser humano. Cuando esta se pierde, ya sea por imposición del Estado o por la personal incapacidad de relacionarse en la sociedad, entonces las personas tienen una vida limitada, reducida y, finalmente, indigna.

La antigua idea del desarrollo humano

Al final de nuestro capítulo podríamos pensar que nos encontramos ante un desafío enorme, que es muy difícil de abordar por un individuo aislado. El riesgo de pensar de esta manera está en que la solución fácil sería cruzarse de brazos y pensar que esta condición o, mejor dicho, quienes la sufren, no son nuestra personal responsabilidad. En cambio, en la medida de lo posible, no podemos ignorarlos, ya que existen numerosos caminos para encontrar una solución, no exentos de dificultades.

En realidad, algunas de estas vías son tan antiguas que sorprende que algunos las expliquen con gran sentido de novedad. Uno de estos conceptos *nuevos* es la idea del desarrollo humano. Se trata de una concepción de la vida que existe antes de la era cristiana y que, en la época en que Atenas era un centro de desarrollo intelectual, ya había sido fijada en la mente del hombre culto, al menos en la parte centro-sur de lo que hoy conocemos como la India. La élite de la sociedad del sur de Asia localizada en la India hablaba el sánscrito, uno de los idiomas más antiguos que se conocen de manera escrita en la historia de la humanidad. Dentro de los pocos textos que han llegado hasta nosotros, encontramos una poesía que pretende enseñar a su lector el sentido de la vida. El escritor antiguo definía la máxima moral de la humanidad de esta manera:

Crushitho Naasti Durbhikscam
Giapato Naasti paatacam
Mauninaha kalho Naasti
Na baya giaasti giaagartaha[13].

Puesto que tal vez no sea tan sencillo para todos comprender la gramática del sánscrito, sin ánimo de ofender a los expertos, ofrecemos enseguida nuestra traducción. Palabra por palabra, esta poesía podría leerse de la siguiente manera:

Crushitho [trabajo] *Naasti* [no] *Durbhikscam* [pobreza]
Giapato [oración] *Naasti* [no] *paatacam* [pecado]
Mauninaha [ser silencioso] *kalho* [guerra] *Naasti* [no]
Na [no] *baya* [miedo] *giaasti* [quien es] *giaagartaha* [cuidadoso]

Por tanto, el texto podría traducirse –con cierta flexibilidad– de esta manera:

Si trabajas, no hay pobreza.
Si rezas, no hay pecado.

---

[13] Texto cortesía de Vijaya Raju KONDAPARLA, estudiante de Teología de la Universidad Pontificia de la Santa Cruz, originario de la región de Andhra Pradesh, en India. Es posible que la transcripción no sea exacta; en todo caso utilizamos este texto por motivos didácticos y no filológicos, por lo que rogamos una cierta comprensión.

Si permaneces en silencio, no hay guerra.
Si eres cuidadoso, no tendrás miedo.

Parece posible observar, por tanto, que, desde antes de nuestra era, la idea del desarrollo no ha estado únicamente vinculada con la riqueza. El desarrollo humano implica un cierto bienestar que comprendemos hoy como desarrollo económico y que es la base del desarrollo humano, pero es sencillamente eso: un primer paso. Al mínimo nivel de bienestar es necesario añadir otros bienes humanos, que el individuo de la antigüedad ya identificaba con su relación con la divinidad en forma de oración.

Una de las conclusiones más apasionantes de este pasaje de la antigüedad es el reconocimiento del propio pecado, de la fragilidad humana, que no esconde su propia condición, sino que la asume y la intenta resolver gracias a la ayuda divina. El hombre es pecador, pero si consigue entrar en relación con Dios, si reza, entonces el pecado no tiene lugar porque el bien de la divinidad supera y vence el mal presente en el corazón del hombre. El desarrollo humano no es una actitud pasiva, donde la persona humana puede, en el mejor de los casos, recibir de Dios la bondad que no posee; se trata más bien de una invitación a actuar, contando con Dios, para mejorar su entorno. De ahí que se apele a la reflexión y al silencio. Solo una actitud de escucha, tan propia del pensamiento filosófico griego, nos lleva a la consideración del bien presente en los otros, en los que no son semejantes a nosotros, y al descubrimiento de la paz no como una ausencia de pasión, sino como un servicio racional y positivo en beneficio de los demás.

El cuarto elemento presente en esta antigua enseñanza de la historia de la humanidad se refiere a lo que los griegos llamaban prudencia, la capacidad de moverse con cuidado dentro de las relaciones humanas y de construir pacientemente una comunidad humana. El trato con los demás se convierte en desarrollo cuando es posible afirmar que formamos parte de una comunidad. Y formar parte de una comunidad no significa otra cosa sino la convicción de que ninguno de nuestros errores es definitivo. En una banda de ladrones, que no buscan el bien común, podría valer como lema: «Máxima libertad, máxima responsabilidad», de modo que un error es pagado con la propia piel. En cambio, en una comunidad humana, como una familia o una sociedad, los errores personales son sostenidos y superados por los demás: el individuo que se equivoca puede encontrar un camino para salir de su error con dignidad.

En definitiva, el desarrollo implica diferentes elementos: materiales o de bienestar; racionales o de reflexión meditada ante la realidad; espirituales o de apertura al querer de la divinidad; y comunitarios o de relación con los demás, sin los cuales no se alcanza un auténtico desarrollo humano. No se trata de elementos que pueden hacerse crecer de manera aislada, sino que, dada la condición unitaria del hombre, cuando mejora uno de estos campos entonces mejora el conjunto.

II.
Crushitho Naasti Durbhikscam
SI TRABAJAS NO HAY POBREZA

1. Riqueza y trabajo

No parece difícil pensar que haya quien sonría al considerar el entusiasmo de este proverbio sánscrito: en realidad no fue fácil durante muchos siglos identificar la riqueza material con el trabajo. Durante siglos, una gran parte de la población fue muy pobre desde el punto de vista material: las contadas excepciones eran los reyes y sus nobles, algunos grandes sacerdotes y ciertos sabios. La acumulación de riqueza material tuvo lugar gracias a la división del trabajo y a la aplicación del conocimiento técnico que permitió multiplicar la productividad, algo que pudo observarse con notable claridad a partir del s. XVIII. Antes de aquella época –que conocemos como la revolución industrial– el trabajo no era fuente de riqueza y, en realidad, para muchas personas todavía hoy el trabajo no les lleva –y tal vez no les llevará nunca– a la riqueza.

Nuestro sabio proverbio, en todo caso, no está del todo equivocado, simplemente nos invita a pensar que la sociedad humana no evoluciona a la manera de un juego de estrategia, donde se dan pasos siempre hacia adelante. La sociedad de los hombres mejora cuando se crea un ambiente donde la persona llega a dar lo mejor de sí misma, y esto significa que algunos de los elementos que conforman dicho ambiente se adaptan contando con la naturaleza humana y con las circunstancias en que crece el individuo. En ocasiones, para alcanzar el desarrollo es necesario recorrer un camino que lleva hacia atrás, no hacia adelante. Por esta razón, antes de continuar nos gustaría recordar que durante mucho tiempo la mayor parte de la población trabajaba la tierra. Si esta hacía sentir su oposición al hombre con mayor fuerza, entonces el individuo tenía que poner un mayor empeño para obtener los frutos necesarios para sobrevivir. Por el contrario, en aquellos lugares en que la naturaleza regalaba con más facilidad sus frutos, el hombre tenía menos necesidad de trabajar, al menos en lo inmediato. No obstante, en las regiones del planeta donde era necesario un mayor esfuerzo para hacer rendir la tierra y obtener sus frutos, se dio también una mayor creatividad humana y una mayor colaboración entre los hombres, que en el largo plazo trajo más riqueza. En definitiva, es paradójico pensar que cuando el trabajo se hace más arduo o complejo, es cuando el hombre tiene una ocasión propicia para convertirse en mejor persona.

La riqueza es la natural colaboración humana

En lo que conocemos como occidente, el trabajo ha sido como la punta de lanza que abre una brecha en la historia del desarrollo. La época del imperio romano fue una de las primeras en que la humanidad mostró su capacidad de colaboración y de creación de vínculos entre personas, que llevaron a casi un milenio de dominación de todo el mundo conocido.

Muchas personas, ciertamente, trabajaban la tierra, pero gracias a la necesidad de los romanos de contar con una cierta protección, y por tanto con soldados para su ejército, numerosas personas se reunieron en las ciudades bajo la protección y el poder del emperador. Las agrupaciones urbanas, por precarias que fueran en sus primeros años, permitieron el encuentro y el trabajo con individuos aunados desde los más dispares puntos de la tierra. En el momento de mayor expansión, Roma era una gran capital con cientos de miles de personas de todas las posiciones sociales, provenientes de casi cualquier rincón del mundo conocido. Mientras en las ciudades los individuos pensaban en cómo hacer más productivo el campo, en los sembradíos los campesinos buscaban los medios para hacer más eficiente su cosecha y así vender el excedente en las ciudades. Cuantas más personas deseaban ofrecer más productos desde el campo, tantas más personas en las ciudades pensaban cómo elaborar instrumentos para multiplicar el rendimiento de la tierra. Esta dinámica de colaboración e ingenio humanos dieron lugar a un aumento de la productividad agrícola prácticamente sin igual en la historia de la humanidad. La riqueza en términos materiales pudo acumularse gracias al aumento de la productividad que, como hemos dicho, se verificaría de manera notable con la revolución industrial que, entre otros beneficios, permitió la multiplicación de la población en el mundo entero.

La naturaleza humana orientada al servicio de los demás y a la búsqueda de un beneficio para la propia familia y para la propia comunidad llevó a una mayor oferta de bienes. La productividad no era sino la multiplicación de las posibilidades de compra de los bienes en el mercado, que era fruto de esa dinámica de colaboración que siglos más tarde impulsó la riqueza material de muchas zonas de Europa occidental, especialmente en los Países Bajos y en lo que hoy conocemos como Austria. Una vez que la riqueza material se multiplicaba de manera sistemática, la dinámica humana que dio lugar a esta riqueza fue objeto de estudio por parte de los filósofos.

Adam Smith

El primero que tuvo la feliz idea de considerar este fenómeno de un modo sistemático, ordenado y brillante fue Adam Smith. Profesor de filosofía moral en la Universidad de Glasgow, Smith se dio a la tarea de comprender y explicar el motor de esa dinámica económica. Una de sus más famosas observaciones, que se encuentra en su tratado *La riqueza de las naciones*, se refiere a la causa de los intercambios económicos: «No es por la bondad del fabricante de cerveza, ni del panadero, ni del carnicero que esperamos nuestra comida. Lo que les mueve a colaborar con nosotros es su propio interés, su utilidad»[1]. Lejos de pensar en el hombre como un individuo egoísta, Smith pretende penetrar en lo íntimo de la naturaleza humana. Si una persona prefiere comprar unos zapatos con una hebilla de oro, antes que ayudar a las personas más necesitadas de su comunidad, no es porque sea egoísta o ciego, sino porque esos zapatos le proporcionan una seguridad y autoestima que le colocan personalmente en una posición de privilegio. El hombre no actúa movido por los bienes materiales, sino por aquello que esos bienes materiales significan en su vida. Cada cosa material es un vehículo para un bien mayor que encuentra eco en el obrar humano. Sus estudios sobre la riqueza de las naciones y su teoría de los sentimientos morales le valieron el título de *padre de la economía moderna*, aunque muchas de las teorías económicas que conocemos hoy tienen sus raíces en los estudios de la justicia escritos por algunos teólogos de la Península Ibérica antes de los tratados de Smith[2].

Para todos estos estudiosos de la riqueza y de la pobreza económica lo importante era cómo vivían los pobres y cómo vivían los ricos. No se trataba de un análisis de lo material, que por otra parte seguía muy limitado y además no permitía en realidad subir en la escala social. Quien había nacido en una

---

[1] Adam SMITH. *An Inquiry Into the Causes of the Wealth of Nations*. Prometeus Books: New York 1991 (1776). Book I, p. 12.

[2] Cf. Alejandro CHAFUEN. *Raíces cristianas de la economía de libre mercado*. El buey mudo: Madrid 2009.

familia de panaderos consagraría sus esfuerzos a hacer pan; los artesanos se agrupaban entre ellos, porque en el fondo eran familias que unían sus fuerzas para proteger los precios de quien podía abusar de su autoridad para obligarles a trabajar más tiempo por menos recursos. Cuando alguien acumulaba una gran cantidad de bienes de manera fortuita, gracias por ejemplo a una cosecha extraordinaria, consagraba mayor tiempo a la vida familiar o religiosa, ya que acumular los bienes tenía menos sentido del que le damos actualmente.

¿Cómo vivir una vida buena?

El estudio de la causa y del origen de la riqueza de las naciones era la contribución de estos filósofos a nuestro desafío. No podemos ahora adentrarnos en la historia del pensamiento económico, pero podemos observar que la traducción de la riqueza en estatus social y en poder no ha perdido su fuerza ni su fascinación entre los hombres. Los estudios de Smith, que eran propios de un filósofo moral, se referían a la finalidad de la vida humana y, en este sentido, otros teólogos más recientes nos invitan a colocar en su justo lugar la ambición —a veces noble— por vivir una vida desahogada de preocupaciones materiales. Esto significa que hemos de tomar en consideración la riqueza material dentro de un esquema unitario de la propia vida, no para conseguir en cada decisión un camino virtuoso o perfecto, lo cual es imposible, sino para evitar un «fracaso global de la propia existencia». Con esto queremos decir que concentrarse únicamente en la riqueza económica es un camino casi seguro de pobreza humana.

El profesor Rodríguez Luño pone un ejemplo de cómo puede darse un fracaso global en la propia vida. Una señora podría decidir dedicar sus mayores esfuerzos a su trabajo con el objeto de ganar más dinero para enviar a su hijo a la mejor universidad posible, y podríamos pensar que hace algo razonable. Con grandes esfuerzos podrá obtener un veinte o un treinta por ciento más de ganancias mensuales si se le compara con sus colegas de trabajo. Movida por el mismo deseo de formar a su hijo en la mejor universidad posible, decide no tener más hijos. Con el paso de los años, su salud se va deteriorando, la relación con su marido sufre la ausencia y el estrés de su esposa y, sobre todo, los largos periodos que el hijo pasa sin su madre dejan una huella en el chico y en su formación personal. Un día el joven pide a sus padres que le compren una motocicleta y con tan solo quince años tiene un accidente mortal. La madre no tiene consuelo. Además, puesto que no tuvo más hijos y dedicó todos sus esfuerzos a obtener unos cuantos cientos de euros más para la universidad de su hijo, ahora nada tiene sentido: su vida ha sufrido un fracaso global[3].

No todas las vidas terminan así, ni siempre la felicidad humana queda cortada por una tragedia. Además, no hay nada más loable que el deseo de dar la mejor formación posible a un hijo, pero, si la vida

---

[3] Cf. Ángel RODRÍGUEZ-LUÑO. *Elegidos en Cristo para ser santos: Tratado de moral fundamental*. Palabra: Madrid 2007.

está estructurada de manera que sea posible caer en un fracaso global de este tipo, el riesgo es demasiado elevado. La riqueza material no resuelve el dilema de la propia existencia, sino que debe ser un medio para encontrar ese sentido menos inmediato. Ciertamente, sin un mínimo de bienestar es imposible alcanzar una vida buena o lograda, pero al mismo tiempo se trata simplemente de un instrumento y no del fin de la vida humana. En algún momento de la historia hemos olvidado esta lección, o por lo menos nos parece más difícil de entender, ya que las posibilidades que ofrece la riqueza material exceden lo material y nos llevan a pensar que son la base para una felicidad verdadera.

2. RIQUEZA Y POBREZA ECONÓMICA

La economía es una ciencia triste

La economía es una ciencia que se encarga de la colocación de recursos escasos para maximizar su utilidad. En una sociedad compleja existen innumerables recursos escasos: agua, electricidad, dinero, maquinaria, medios de transporte, etc., lo que ha llevado a la economía a ser una ciencia muy diversificada y sofisticada. Además, en cualquier sociedad, sea más o menos compleja, quien toma al final las decisiones sobre la colocación de los recursos escasos es la persona humana, de ahí que en todos los procesos de decisión propios de la economía tenga un papel principal la libertad humana. Puesto que entra en juego la libertad humana al colocar los recursos humanos

—y esta libertad es a veces tan imperfecta—, algunos economistas han concluido que su estudio es una ciencia triste; como la llamaba Thomas Carlyle, "*a dismal science*" para oponerla a la alegre tarea de la escritura o de la poesía.

En realidad, lo que sucede es que el ser humano decide en función de lo que más llena su espíritu, y no siempre lo que más le atrae es lo más rentable desde un punto de vista económico. Es posible, por ejemplo, que una pareja que tiene niños pequeños perciba que estos requieren de más atención por parte de los padres. El padre o la madre de familia podrían decidir entonces trabajar medio tiempo para poder dedicarles más tiempo, permaneciendo en casa. Si se concreta esa decisión, entonces la familia no será una familia económicamente más rica, pero como los hijos tienen más atención por parte del padre o de la madre, será una familia mejor, más humana, más completa. Algunos autores, como el papa Francisco, aplican este ejemplo a la sociedad como un todo. Si hay tantas personas en el mundo necesitadas de atención, de compañía, de cercanía, ¿no sería posible que algunos decidan trabajar más en su cuidado o, mejor dicho, trabajar en empleos que les permitan dedicar más tiempo a los necesitados? Si un grupo de personas en la sociedad decide actuar de esa manera, no tendremos una sociedad más rica desde un punto de vista económico, pero tendremos una sociedad más humana y, en definitiva, mejor.

Parece ser verdad que cada persona toma sus decisiones de acuerdo con su interés personal, que no es necesariamente egoísmo, pero en todo caso la economía no es nunca un juego a suma cero: no podemos olvidar que la inversión en educación o en habilidades culturales podría llegar a generar también riqueza material. Nuestro punto es subrayar que no podemos planificar todo el movimiento económico, por la enorme cantidad de decisiones personales que implica.

Los modelos matemáticos

El camino más eficaz que encuentran los economistas para prever las decisiones humanas se encuentra dibujado por modelos matemáticos. Estos modelos nos indican el comportamiento humano dentro del campo económico gracias a algunas reglas. Un economista cualquiera podría afirmar que el aumento de precio de un producto, si no cambian otras circunstancias, traerá como consecuencia una disminución de personas que comprarán ese bien. Si un tipo de jabón se encarece, entonces buscaremos comprar uno de otra marca para satisfacer nuestra necesidad de jabón.

El problema es que en ocasiones no es solo el jabón lo que se encarece, o bien que no hay un sustituto tan sencillo de ese jabón que repentinamente es más caro. Si se encarece el precio de la gasolina, por ejemplo, no es fácil encontrar un sustituto energético que ponga en marcha nuestros coches. Ante un aumento de precio de la gasolina, entonces el individuo tendrá que disminuir no el consumo de gasolina, sino en realidad el consumo de otros productos. Si la gasolina se encarece le quedan menos recursos para gastar en otras cosas, ya que está obligado a consumir gasolina para trabajar, para transportarse, para circular en la ciudad en la que vive. Por tanto, caben excepciones al modelo económico que afirma que a un aumento en el precio de un producto sigue la disminución del consumo de ese producto. Pero es que, además, incluso si fuese posible ofrecer innumerables alternativas a un producto determinado —como en nuestro ejemplo: ofrecer al consumidor de gasolina alternativas como gas, diésel, etc.— no es siempre posible hacerlo de manera inmediata. Y el consumo de gasolina no puede esperar por semanas: si no se llena el tanque del vehículo cuanto antes, se corre el riesgo de quedar tirado por la calle y de no poder regresar a casa. La velocidad del consumo de los bienes exige, por tanto, que los modelos económicos sean cada vez más acertados y para esto pretenden comprender cada vez más y mejor la libertad humana.

Los productos sustitutos y el factor tiempo inciden de manera importante en los modelos económicos. Pero no bastan solo estos dos factores, de manera que en ocasiones los modelos económicos dan lugar a paradojas importantes. Un economista de mediados del s. XX, Paul Samuelson, recuerda que el modelo económico que insiste en que el aumento del precio del producto trae como consecuencia la disminución del consumo ha sido probada falsa por el aumento del precio de la patata en Irlanda. A mediados del siglo XX el precio de la patata aumentó en Irlanda como consecuencia del fuerte frío que hacía muy difíciles las cosechas. Sin embargo, la búsqueda de patatas —en términos técnicos, la demanda— aumentó de manera importante. Las patatas eran más caras y las personas querían más patatas, lo cual era muy paradójico. La razón, según explica Samuelson, es que, al ser una sociedad todavía pobre, en Irlanda la patata era la base de la alimentación de la mayoría de la población. Un aumento del precio de patata pondría a muchos ciudadanos en una posición de crisis económica que les impedía adquirir carne o verduras y, por tanto, la solución era comprar más patatas que, a pesar de ser más caras, eran menos caras que la carne o la verdura. Por este motivo un aumento del precio de la patata trajo como consecuencia un aumento de la demanda de patatas[4]. La complejidad de las decisiones de una persona se combina con la complejidad de la libertad de otras personas, lo que hace del futuro de la sociedad humana un conjunto de decisiones muy difícil de prever y mucho menos de planificar. De ahí que las teorías económicas que ponen un modelo matemático sobre la libertad humana lleven a empobrecer a la persona no solo desde el punto de vista de su libertad, lo que es muy fundamental, sino también desde el punto de vista económico, lo cual debería ser suficiente para restar legitimidad a su aplicación.

El trabajo en los modelos económicos

El modelo económico fundamental en nuestros días no solo afirma que es posible, sino que es necesario, alcanzar un punto de equilibrio entre la oferta y la

---

[4] Paul A. SAMUELSON. *Economia*. Traduzione e appendice di Pietro Castiglioni. Unione Tipografica Editrice Torinese: Torino1956 (1948). Tit. original: *Economics: An Introductory Analysis*. Mc Graw Hill: New York, p. 511.

demanda de bienes en el mercado. Además, el modelo nos dice que este punto de equilibrio debe aumentar constantemente para conseguir generar más riqueza. En otras palabras, se nos dice que debe haber cada vez más bienes en el mercado y que además debemos comprar todos esos bienes, porque consumir más y más bienes nos permitirá obtener mayores utilidades económicas. El modelo establece que lo que nos hace ricos es gastar más, no ahorrar nada y pedir cada vez más recursos prestados. Este modelo económico, al igual que el que exponía Samuelson, puede ser cuestionable por diferentes motivos. En primer lugar, porque el aumento de bienes en el mercado no lleva de manera natural a un aumento de consumo de dichos bienes. Si aumentan los bienes en el mercado y se consumen es porque el individuo percibe en aquellos bienes una utilidad o conveniencia para sí mismo o para su familia. Al igual que sucede con nuestro ejemplo de la gasolina, si el modelo económico se pone por encima de la libertad de las personas, entonces se buscará que las personas adquieran los bienes que se producen en el mercado, independientemente de su propio interés o necesidad real de esos bienes.

Un modo de hacer funcionar el modelo económico actual es generar hábitos de consumo en los individuos. En los años 70 del siglo XX, el mundo contaba con alrededor de cuatro mil millones de personas. La mitad en Europa y Norteamérica, y la otra mitad en el resto del mundo. Cincuenta años más tarde, el mundo cuenta con alrededor de siete mil millones de personas, dos mil millones de los cuales viven en

Europa y Norteamérica, y el resto en las demás regiones de la tierra. Esto significa que la población de Europa y Norteamérica se ha mantenido relativamente estable a lo largo de casi cinco décadas, a pesar de que la producción de estos países, medida por el producto interno bruto, ha aumentado paulatinamente. Es cierto que el ritmo de crecimiento económico de los pueblos de Europa es relativamente bajo y que, tomado el valor del producto interno bruto después de la inflación, es casi en todos los casos cercano al uno o dos por ciento. Sería sencillo para cada uno de nosotros multiplicar cincuenta años por uno o dos por ciento para darnos cuenta de que el crecimiento económico acumulado es en todo caso importante, sobre todo para una población que no ha aumentado con el paso del tiempo. El resultado es que el mismo número de personas consumen más cosas o cosas de mayor precio y, por tanto, podemos constatar que el ser humano está impulsado por el modelo económico para consumir más. La dimensión económica en que vivimos no es un ambiente sin más, sino que es una auténtica corriente que nos empuja —a veces no tan sutilmente— hacia una dirección que no es espontánea, sino que ha sido planificada para hacer de cada persona un gran consumidor.

Entre los medios que suelen utilizarse para fomentar el consumo encontramos el aumento de dinero en circulación. Cuando las personas tienen más dinero disponible, gracias a la multiplicación del crédito bancario, de las tarjetas de crédito, del pago a plazos, etc., entonces pueden gastar más y vivir por encima de sus posibilidades. Otra manera de fomentar el consumo es desincentivar el ahorro, que es un mecanismo establecido en la misma línea del crédito. Cuando las tasas de interés bancarias son demasiado bajas, si no negativas, entonces las personas no buscarán ahorrar su dinero, sino que buscarán gastarlo para "aprovecharlo mejor". Este modo de proceder hace que los bienes económicos que se intercambian de manera inmediata con dinero se multipliquen, consiguiendo así que de "manera natural" los bienes ofrecidos en el mercado se consuman de manera casi inmediata.

Decíamos que este modelo es cuestionable por diferentes motivos, uno de los cuales es también técnico o económico. Los países que se consideran desarrollados o ricos son grandes productores de bienes, también de aquellos que únicamente se hacen en esos países ricos; por el contrario, en los países pobres se producen muy pocas cosas, y las que se realizan también se dan en muchos otros lugares. Malawi y Ghana, por ejemplo, son grandes productores de tabaco y cacao, respectivamente. Sin embargo, ambos bienes pueden encontrarse con relativa facilidad también en otros países. En cambio, existen países como Alemania, Francia o Japón que desarrollan tecnología médica e instrumentos de exploración aeroespacial que solo ellos pueden hacer. Para la producción agrícola hace falta tierra, agua, semillas y medios de transporte del producto que se ha obtenido gracias al importante trabajo de los agricultores. Para construir instrumental aeroespacial hace falta infraestructura, investigación, centros de formación profesional, laboratorios de prueba científica y un largo etcétera. Los elementos más complejos, que permiten también la construcción de productos más complejos, son fruto de la inversión en proyectos que no son inmediatamente rentables. En otras palabras, la inversión en medios de producción (bienes de capital) que se encuentran más lejanos del consumo inmediato es una inversión que —en el largo plazo— produce riqueza.

Cabrían muchas más consideraciones sobre el modelo económico fundamental en nuestros días, pero no tenemos tiempo para abordarlas en este breve estudio y no solo por motivos de espacio, sino porque nos interesa más fijarnos en las consecuencias que el modelo tiene para la vida humana que en la ineficacia técnica del modelo. Baste insistir en que el modelo económico que utilizamos afirma que la riqueza se consigue gracias al aumento de la demanda de bienes y por tanto el mecanismo para alcanzar la riqueza es fomentar el consumo. Esto significa que en el centro del modelo se encuentran más los bienes económicos que las necesidades reales de las personas.

El modelo se propone multiplicar la riqueza gracias a la combinación de variables como la tierra, el capital, la tecnología y el trabajo. El trabajo forma parte, por tanto, de una educación donde se piensa en la persona como un recurso más del mecanismo del desarrollo. Este modo de pensar podría llevarnos incluso a distinguir entre el trabajo como variable del desarrollo y el ser humano que trabaja. Esto es posible precisamente porque lo que importa para el desarrollo no es tanto la persona, sino la productividad del trabajo.

Según Paul Laudicina, presidente internacional de ATKerney, una firma de consultoría empresarial que opera en todo el mundo, en el futuro próximo será necesario crear más de cuatrocientos mil empleos, dado el aumento de la población mundial. Pero, al mismo tiempo, el gran desarrollo de la robótica, conocido como la cuarta revolución industrial, ha llevado a la creación de máquinas inteligentes o de maquinaria equipada con inteligencia artificial que nos permitirá operar sin necesidad de personas. Es decir, podremos tener trabajo, pero no personas que trabajen. La gran pregunta es si ese modo de enriquecernos económicamente nos enriquecerá también como personas. Tal vez para algunos es ingenuo pensar que es mejor conversar con el conductor de un taxi –encontrar una persona, conocer algo de su vida y de su familia– que tomar un auto conducido de manera satelital y automática para ir allí donde deseamos, por el camino más breve. En ambos casos hemos conseguido el servicio de transporte que buscábamos, pero en uno de los dos casos hemos también obtenido algo más, el encuentro con alguien, y las relaciones humanas no suelen dejarnos indiferentes.

Entre los numerosos empresarios que se preguntan sobre el impacto de la inteligencia artificial en sus industrias, encontramos a Margie Yang, que vive en Hong Kong. Se trata de una mujer que Forbes coloca entre las veinte más importantes del mundo, puesto que hace algunos años contaba con decenas de miles de empleados en ocho países. Tiene tantos trabajadores en sus plantas porque posee una serie de fábricas textiles donde Margie hace producir camisetas de algodón que vende a muchas firmas comerciales de ropa en todo el mundo. La dimensión de su compañía y la capacidad para abrirse paso en el mercado del algodón le han valido el título de "la princesa de algodón". Preocupada por el futuro de sus empleados, que podrían fácilmente ser reemplazados por las máquinas, Margie cuestionaba: ¿Cambia algo cuando la camiseta de algodón es realizada por un robot o por una persona?, e incluso iba más lejos: cuando una persona cree en Dios, ¿le lleva a hacer el trabajo de un modo distinto?

Entre las muchas posibles respuestas que se le podrían dar, recordamos la enseñanza de san Juan Pablo II. Cuando una persona hace algo –por ejemplo, una camiseta de algodón–, cualquier cosa que sea, no está haciendo solo algo material, sino que deja en aquello que hace una huella de su propia humanidad. Nunca será idéntica, por tanto, una camiseta hecha por un robot que una camiseta hecha por una persona. Si, además, Margie tuviese el don de la fe cristiana, se le hubiese podido recordar, como tal vez haría san Josemaría, que al trabajar una camiseta de algodón la persona se convierte en las manos de Dios para servir a los demás y, por tanto, hace algo divino, a pesar de trabajar en lo aparentemente más material del mundo. En esta empresaria se encuentra la intuición fundamental que lleva a la riqueza verdadera y que nos permite volver sobre la máxima de nuestro sabio poeta sánscrito: el contacto con la persona que trabaja, y no solo el resultado del trabajo, es lo que enriquece al ser humano. Un trabajador bueno y honrado puede llegar a enriquecerse y a enriquecer a los demás, porque en su obrar se autoconfigura como quien quiere ser. En el trabajo la persona se hace honesta, responsable, servicial, capaz de afrontar riesgos, se entrega a los demás, se relaciona. En su trabajo la persona manifiesta su fraternidad y su filiación, se convierte en una mejor persona. Un mundo con más trabajo y con menos trabajadores quizá nos facilitaría la vida o bien nos llenaría de bienes. Sin embargo, correríamos el riesgo de empobrecernos por la falta de humanidad.

3. ¿PODEMOS HACER ALGO PARA SOLUCIONAR LA POBREZA MATERIAL?

Los grandes expertos, que durante muchos años han buscado una solución consistente a la pobreza económica, saben que este problema está relacionado con muchos elementos propios de la vida del hombre. La falta o abundancia de recursos económicos tienen mucho que ver con la propia familia, con la educación, con los incentivos que se tengan para el trabajo y el ahorro voluntario. Pero también con algunas dimensiones humanas que exceden toda libertad personal, como puede ser el entorno sociopolítico del propio país, la volatilidad del tipo de cambio de la moneda local, las oportunidades de comercio y de intercambio con mercados internacionales, etc. Como decíamos antes, no es posible responsabilizar inmediatamente a los ciudadanos por su pobreza, sobre todo si no se conocen las circunstancias que los han llevado a esa triste situación.

Martin Burt cuenta la historia de una señora que vive en una de las zonas más pobres de Asunción, la capital de Paraguay. Cada mañana, esta buena mujer acude a un prestamista o usurero que le entrega diez dólares para comprar unas cuantas empanadas (llamadas chipá) con las que acude al centro de la ciudad. Si todo va bien, podrá llegar temprano y conseguir un lugar de sombra desde donde vender su pobre mercancía. Si no, tendrá que esperar bajo el sol a que algún cliente se decida a comprar el chipá que ofrece cada día por la calle. Al final del día, esta mujer regresará a su casa, entregará al prestamista su dinero con otros diez dólares –¡cien por ciento de interés por unas cuantas horas!– y el resto lo utilizará para comprar algo de comida para su familia. Así, un día y otro, mientras tenga salud para sobrevivir a ese ritmo. Burt se pregunta si esta mujer tiene alguna posibilidad para superar su condición de pobreza. Es decir, si verdaderamente llegará a alcanzar una cierta posición de desahogo en algún momento de su vida o si, por el contrario, permanecerá abandonada a ese destino sin una posibilidad real de superar su pobreza[5].

Las políticas públicas

Un posible camino para encontrar una solución a la pobreza es el que tomó el mismo Martin Burt, que es el de confiar en que algunas autoridades tomarán su parte en la responsabilidad del bien común y entonces lanzarse en la búsqueda de una colaboración directa o indirecta entre la iniciativa pública y privada

---

[5] Martin BURT. *Who Owns Poverty*. o. c., p. 5.

para un cambio real. La vía de las políticas públicas para solucionar el problema de la pobreza material se ha revelado eficaz en muchos lugares de la tierra. Por el contrario, otras zonas del planeta se han visto afectadas por medidas políticas que favorecían el enriquecimiento ilícito de algunos funcionarios públicos, o la puesta en marcha de proyectos sociales ineficientes o inacabados que, en el largo plazo, no han solucionado el problema que pretendían afrontar. No son pocos los autores que han criticado el reciente papel de las políticas públicas para solucionar la pobreza. En algunos casos las críticas nacen de las políticas internacionales que pretenden ayudar algunas regiones del planeta sin tomar en cuenta que la clase política no coincide en sus intereses con los del pueblo. Esto trae como triste consecuencia un enriquecimiento ilícito de los líderes políticos, junto con el aumento de una deuda pública que gravará sobre las espaldas de las futuras generaciones.

Entre los autores que más critican esta vía de solución a la pobreza encontramos a una economista de Zambia, Dambisa Moyo, que afirma que cerca de la mitad de los fondos recibidos en muchas naciones de África gracias a las instituciones de ayuda al desarrollo internacional termina un año más tarde en cuentas bancarias de importantes centros financieros de Europa. No se trata de un regalo, sino que esos préstamos para el desarrollo han de ser reembolsables por las poblaciones en el futuro, suponiendo que eso sea posible. Para esta autora, la solución al desarrollo en el continente africano podría comenzar si se detiene la ayuda internacional y se deja que los líderes de esas naciones se hagan cargo de su propia responsabilidad[6].

Otros autores son menos críticos con quienes hacen uso de estos instrumentos políticos y en cambio se preguntan sobre la ética de los extranjeros que asesoran a los líderes de las naciones en vías de desarrollo. En muchas ocasiones, los expertos hacen uso de modelos económicos o matemáticos que imponen a las sociedades, sin un suficiente conocimiento de la cultura local o del modo en que se desarrolla el trabajo en sociedades regionales o tribales, menos ajustadas a un sistema y a una organización de corte occidental. La principal dificultad que tienen los expertos para echar a andar políticas públicas más eficaces es la falta de información. Como la economía es resultado de la libertad humana, es muy difícil codificar y descifrar los miles de decisiones que suceden cada instante en la sociedad de los hombres. Los expertos trabajan con modelos, confían en ellos y los utilizan de acuerdo con la experiencia de países diferentes de aquellos que pretenden desarrollar. El resultado, como afirma William Easterly, es que la pobreza se multiplica como consecuencia del poder sin límites del Estado frente a una población pobre y despojada de sus derechos[7].

No nos atrevemos, por nuestra parte, a afirmar que las políticas públicas por lo general funcionan

---

[6] Cf. Dambisa Moyo. *Dead Aid: Why Aid Is Not Working and How There is a Better Way for Africa*. Farrar, Strauss and Giroux: New York 2009.

[7] William Easterly. *The Tyranny of Experts: Economists, Dictators, and The Forgotten Rights of The Poor*. Basic Books: New York. 2013, p. 9.

poco o mal. En realidad, hay tantas políticas públicas y tienen tan diferentes consecuencias en la marcha del desarrollo que es difícil juzgar todo el entorno de desarrollo de un país. No obstante, la mayor parte de los autores que defienden la libertad humana en su trabajo, en sus decisiones en el mercado y en la sociedad, observan que los pueblos que han dado más fuerza a las políticas públicas que a la iniciativa privada han terminado por limitar su propio desarrollo. Si todos los individuos fuesen excepcionalmente honestos, tanto los gobernantes como los gobernados, tanto quienes pagan los impuestos como quienes los administran, tal vez la historia sería distinta. Puesto que el ser humano no es perfecto, sino que puede siempre perfeccionar sus virtudes, las políticas públicas no han funcionado del todo bien y algunas veces se convierten en ocasión de fraudes. La autoridad política, que tiene la responsabilidad por el bien común, puede recordar aquella afirmación que se atribuye a Pascal: *no hemos conseguido que el justo sea fuerte, por lo que hemos llamado justo al fuerte*, sin importar si lo es o no.

La iniciativa privada

Martin Burt ha dejado el escenario político, para luchar desde otros campos y contribuir a un cambio sustancial de la condición de muchas personas que viven pobremente. Esto le ha permitido crear una organización no gubernamental para medir la pobreza en términos no solo económicos, sino de higiene, educación, etc. El camino de la iniciativa privada puede ser muy importante para nuestro desafío: numerosas iniciativas nacen de grupos empresariales o familiares con la intención de mejorar la condición de los más vulnerables. Estas iniciativas adquieren dimensiones muy diferentes: procurar educación, agua potable, un mejor sistema de salud, una atención más digna para la mujer, hacer accesible el mercado de trabajo, etc. Muchas organizaciones de este tipo obtienen numerosos recursos, casi siempre en forma de bienes fungibles y no tanto en dinero en efectivo para ayudar a quienes más lo necesitan. Una vez más, es la colaboración y creatividad humana lo que permite a muchas de estas instituciones obtener importantes ayudas y contribuir a superar la pobreza.

Álvaro Pereira fue uno de los directores de una de las más grandes organizaciones no gubernamentales de los Estados Unidos. La medida de grandeza se da en términos del valor que obtienen y reparten entre los más necesitados, que asciende a casi mil millones de dólares anuales. La clave para conseguir tantas ayudas en una organización de este estilo está en la creatividad. Álvaro contaba que una empresa que fabrica lápices se dio a la tarea de vender lápices para jugadores de golf, que además de tener mucha calidad, suelen ser muy pequeños porque se pretende que no estorben en los bolsillos de los jugadores. Quien tiene familiaridad con la fabricación de lápices puede saber que existen unas medidas estándar y que por tanto los lápices de golf se recortan para dejarlos en su dimensión adecuada. Álvaro preguntó al propietario de la empresa que fabrica estos lápices: «¿Qué hacen con la parte del lápiz que no se pone a la venta?». Al descubrir que se llevaba a la basura para reciclarla, Álvaro pidió esa parte inutilizada para distribuir lápices en las escuelas más pobres de los Estados Unidos, y no fue muy difícil conseguirlo. Las ONG tienen la gran virtud de conectar las necesidades de un grupo de la población con el deseo de ayudar que está en otro grupo de la población, y la clave está siempre en el espíritu de servicio con que estas iniciativas de colaboración social se ponen en marcha.

No podemos olvidar que la iniciativa privada se apoya igualmente en la libertad humana y volvemos al dilema que planteábamos a los responsables de la esfera pública. Si todos los empresarios fueran perfectamente honestos y generosos, entonces las fundaciones y la responsabilidad social corporativa de sus empresas harían un bien enorme a la sociedad en que crecen y se desarrollan. En realidad, muchos empresarios, la mayoría en nuestra opinión, son personas de bien que trabajan seriamente y cargan con la responsabilidad de pagar un salario a un innumerable número de personas permitiendo el desarrollo de muchas familias. Al mismo tiempo, no es siempre fácil para un empresario pagar los impuestos que le exige la burocracia estatal o registrar en los sistemas de salud nacional a todos sus empleados con todas sus prestaciones. Si es difícil para el empresario cumplir con una serie de obligaciones legales, porque en ocasiones pueden ser injustas o por lo menos excesivas, entonces es también difícil para el empresario, finalmente una persona, cumplir con una serie de exigencias morales que derivan de su pertenencia a una comunidad o a una tradición familiar. No deseamos con esto librar a los empresarios de la responsabilidad que todos tenemos por conducir una vida honesta y generosa en el servicio de los demás, lo único que queremos es no apresurarnos a juzgar a quienes intentan hacer algo por los demás como personajes buenos o malos.

Si Adam Smith viviera hoy nos recordaría que vale la pena leer atentamente sus libros y pensar que las iniciativas privadas, también las de las organizaciones no gubernamentales, se basan en el interés del individuo y en la consideración de la autoestima y posición social que le dan este tipo de proyectos de desarrollo. Desde hace algunos años se han generado de manera cada vez más consistente una serie de iniciativas que abarcan tres pilares: la utilidad económica, el desarrollo social y una más atenta consideración del cuidado del medio ambiente. Este tipo de iniciativas, de crecimiento inclusivo, o de economía circular, han sido muy exitosas; por ejemplo, la de un empresario que se dedica a la noble labor de fabricar tequila y tenía una gran rotación del personal. El cambio de trabajadores especializados le llevaba a perder mucho dinero y no parecía sencillo convencer a los trabajadores del campo para que permaneciesen cerca de las cosechas de agave, planta de la cual se obtiene este destilado. Solo cuando se dieron a la tarea de comprender el problema de cada una de las familias, preguntándoles por las razones que les llevaban a abandonar la empresa, se dieron cuenta de que la rotación de personal no se daba por el salario que percibían, sino porque tanto las escuelas como la atención médica estaban muy lejos y las familias no querían vivir aisladas de esos servicios fundamentales. La empresa construyó clínicas para sus trabajadores y unos centros educativos con cierta ayuda también del gobierno. Esta inversión fue rápidamente recuperada porque la rotación del personal cayó a una proporción muy razonable, ahorrando una cantidad considerable de recursos a la empresa. Además, parte de la educación que se impartía a las familias está relacionada con proyectos agrícolas que permiten reducir la contaminación y aprovechar los materiales no utilizados antes, de manera que se crea una cultura de reciclaje y una conciencia ecológica que antes no existía. Este tipo de iniciativas que funcionan a 360 grados son difíciles de obtener, pero cada caso que tiene éxito es digno de convertirse en un punto de referencia para muchos empresarios que desean impulsar la iniciativa privada hacia una mejora social cada vez más consistente.

Enriquecer nuestra pobreza

Llegados al final de nuestra consideración de la pobreza económica, querríamos apuntar un último detalle. La pobreza material objetiva, decíamos antes, es un problema urgente. Cuando tiene lugar una crisis humanitaria –por ejemplo, causada por un terremoto o una inundación–, los afectados no pueden esperar: necesitan recibir ayuda cuanto antes.

Algunas personas podrían recordarnos que muchos de los indigentes de nuestras ciudades europeas son en realidad personas explotadas por la criminalidad organizada, que les obligan a pedir por las calles para después quitarles los recursos que obtienen. Otros podrán decirnos que dar algo a esas personas indigentes es equivalente a pagarles para que se mantengan en esa triste condición, pues si nadie les diera nada buscarían otro medio de vida. Este segundo argumento nos recuerda un poco, y lo decimos con respeto por quienes viven en el continente africano, el duro argumento de la economista de Zambia relatado antes: la solución para la pobreza de África está en quitar a ese continente toda ayuda internacional.

En nuestra defensa, volvamos a una idea fundamental: no tenemos la información suficiente para cambiar la pobreza del mundo, porque no tenemos la información para dirigir o planear la sociedad. Además, parece que nadie puede hacerlo. No obstante, podemos, y tal vez debemos, cambiar nuestra propia vida. El encuentro con una persona necesitada de recursos económicos, de tiempo y de afecto —como veremos—, es un encuentro que enriquece a quien no se considera pobre. Lo demuestra la vida de quienes afrontan el problema de la pobreza como una cuestión personal.

En una ocasión, un importante empresario en su propio país realizaba un viaje por los Estados Unidos. Se encontraba cerca de Nueva York y tenía que salir temprano para visitar a una persona, con la esperanza de conseguir una donación de caridad para la educación de personas necesitadas. Contrató un servicio de transporte *online* y llegó con mucha anticipación a su cita. Antes de terminar el viaje, el empresario comenzó a hablar de modo amable y natural con el conductor. El buen hombre, venezolano, le contó algo de su mujer y de sus hijos. Al llegar a su destino, el empresario invitó a desayunar a su chófer y durante todo el desayuno no hizo sino preguntarle por su familia, su futuro, su lugar de origen. Todo el diálogo giraba alrededor del conductor, y esa fue para este conductor y para quienes presenciaron esa escena una gran lección de vida. Un momento que hubiera podido ser como una transacción comercial se transformó en el interés de una persona por otra, en una conversación que, si bien fue breve, no parecía indiferente para aquel buen hombre.

Otra historia es la de Dina Ravera, una importante mujer de negocios en Italia, que lo primero que hace cada mañana es detenerse unos minutos con alguna de las jóvenes que trabajan en su empresa para preguntarles por su salud, por su familia, por su estado de ánimo, por lo que desean.

La pobreza material, por tanto, exige de cada uno de nosotros el esfuerzo de pensar en los demás. Aunque no todos compartamos las mismas creencias o tradiciones familiares, podemos hacer algo para aliviar el peso de la pobreza material. Parecería sensato juzgar que una parte —la que queramos— de lo nuestro la hemos recibido sencillamente para darla a los demás. ¿Quién puede negar lo agradable que es dar sin esperar nada a cambio o disfrutar lo que se da con quien lo recibe? El resultado es el mismo: no es un acto material, sino que se trata en todo caso de establecer relaciones humanas, momentos de encuentro, ocasiones de generosidad. No podemos olvidar que hacer algo por los demás es nuestra responsabilidad, y la Biblia nos recuerda que incluso dar un vaso de agua a los más pequeños alcanza una recompensa sin igual.

Hemos de confesar que no siempre hemos pensado de este modo, al inicio compartíamos algunas de las objeciones recogidas al principio de este apartado. Ahora nos gusta pensar que cada persona con que nos cruzamos en la vida necesita algo y que, al menos una parte, lo podemos dar con nuestros propios medios. El esfuerzo por dar, y por pedir a otros que den, tiene un fruto que no es nunca solo material. Tal vez podríamos reconstruir la sociedad a base de este tipo de generosidad, acordándonos de que si hay personas que no dan, es sobre todo porque nadie les ha pedido nada. Lejos de criticar a aquellos que poseen abundantes medios, podríamos cuestionarnos si hemos sabido atender a sus necesidades y una de las más importantes necesidades de quienes tienen bienes en abundancia, es encontrar una razón, una ocasión y una amistad para dar algo de lo que tienen.

III.

Giapato Naasti paatacam
SI REZAS, NO HAY PECADO

Nos gustaría preguntarnos si los sabios que escribieron estas letras en sánscrito se preocupaban realmente de la pobreza y de la riqueza en términos materiales. Tal vez, al referirse a la pobreza, lo que deseaban era indicar la necesidad de la riqueza; porque para los pueblos antiguos lo más importante era hablar de riqueza, traducida como *estabilidad* en el caso del pueblo de Israel y como *dominación* para el poder de Roma. Tanto la estabilidad como la dominación eran fruto de la intervención divina en la realidad del mundo en que vivían los habitantes de esos pueblos. La convicción de que Dios actúa en el presente y en la historia es lo que constituía la riqueza espiritual de la que hablaban.

En todo caso, la historia demuestra que la posesión de bienes humanos, más que la ausencia de esos mismos bienes, es lo que resulta atractivo para el ser humano. No parece, por tanto, una simple casualidad que nuestro sabio escritor haya dado con la oración como el bien humano que permite superar el pecado, entendido como un mal que está en el corazón del hombre: allí es donde nacen la envidia, el rencor, la rabia o la desesperación, entre otras manifestaciones de ese mal. Parece interesante, además, que esta antigua sabiduría no niega el pecado, sino que enseña que hay un camino para superarlo. El problema del mal entendido como "pecado" que nace en el corazón del hombre ha sido contemplado tanto por las religiones antiguas como por las grandes tradiciones religiosas de la humanidad.

Las divinidades de los pueblos paganos dominaban sobre el bien y el mal, sobre el infierno y el paraíso. Se trataba, como podemos descubrir en la literatura griega, de dioses que actúan de manera humana, con caprichos y venganzas. Acudir a estos dioses era garantía de protección, pero también podía significar correr el riesgo de la condena humana. Lord Jonathan Sacks observa que el hombre moderno parece haber superado estas creencias. Ahora, para hacerse cargo de su mundo, no necesita acudir a la religión, sino que tiene la ciencia. Si desea dominar la realidad no hacen falta sacrificios en los templos, porque puede hacer uso de la técnica; y para regresar al Creador un poco de todo lo que ha recibido, puede dar un poco de lo que tiene a los demás, favoreciendo con su gasto el mecanismo social que hemos creado[1]. La seguridad del hombre moderno en su propio arte y experiencia parece haber dejado

---

[1] Cf. Jonathan SACKS. Diálogo con Charles TAYLOR. Disponible en www.rabbisacks.org

paulatinamente de lado el poder divino en la historia y en la propia vida, forjando así la pobreza espiritual de la que hablamos.

Los cristianos saben que Dios se ha revelado a lo largo de la historia, de modos muy diferentes. La revelación de Dios nos ha mostrado un rostro personal de la divinidad en Jesucristo que sublima y hace muy concreta esta antigua intuición: la oración supera el pecado. El cristianismo, al igual que otras grandes religiones como el islam y el judaísmo, han dado lugar a un notable desarrollo humano. Ni las ciudades helénicas ni el imperio de Roma crearon una religión que perdura hasta nuestros días. Las grandes civilizaciones de China o India crecieron gracias al taoísmo o al budismo, pero estos movimientos religiosos no fueron fruto de ese desarrollo y, cuando los imperios antiguos sucumbieron, las religiones permanecieron en el ánimo de los pueblos. Como enseña Christopher Dawson, las grandes religiones han dado lugar a civilizaciones importantes, pero no al revés, los grandes imperios no han dado lugar a grandes religiones[2]. Si no tuviésemos ninguna fe en un Dios personal, podríamos en todo caso comprender la riqueza espiritual como un don de Dios que permite superar la rebelión del alma humana: manifestada como un deseo de dominar nuestra vida y de dominar a los demás. El deseo de dominio se manifiesta en el corazón del hombre y lo empobrece, mientras que el dejarse

---

[2] Christopher Dawson. *Progress and Religion: An Historical Inquiry.* Catholic University of America Press: Washington DC. 2001 (1929), p. 180.

guiar por la voluntad de Dios es un abandono que enriquece siempre al hombre.

Hace algunos años, un buen deportista tuvo un grave accidente. Después de hacer, como era habitual en su vida, un gran número de kilómetros en la bicicleta, se encontró mal. Se detuvo apoyándose en un coche al lado de la carretera y perdió el conocimiento. Había tenido un derrame cerebral y se despertó gravemente afectado en su sistema nervioso. Apenas podía moverse y con gran dificultad sería capaz de valerse por sí mismo: no podría volver a caminar jamás.

Años más tarde, cuando más o menos había aceptado su situación, conoció otro deportista al que le había pasado exactamente lo mismo. Este otro llevaba más años con la enfermedad y no solo había superado la etapa de la rabia y de la resignación, sino que decía que con el paso del tiempo había rezado mucho y se había dado cuenta de haber sido elegido por Dios para vivir como un inválido. No solo no le parecía que su vida no tenía sentido, sino todo lo contrario: ahora tenía la posibilidad de pasar sus días dando esperanza a quienes habían padecido un accidente o una enfermedad. Pensaba en su vida como una llamada divina a aceptar y a vivir siempre así, felices, con la convicción de dar respuesta a una situación querida por el Creador que le había dado la vida.

Era muy difícil ver a este segundo atleta, ahora inválido, y no creer en la seguridad de sus palabras. Tal vez quien no tenga fe podría pensar que esa persona se engaña, que ha creado una teoría para olvidar la tragedia en que se ha convertido su vida. Pero, con la fe, entonces todo tiene un sentido para él. Incluso si todo fuese un engaño: ¿quién podría proponerle un camino de mayor consuelo que el que ha encontrado?

Allí el ser humano encuentra la riqueza espiritual que le permite desarrollarse, una riqueza que se traduce en una paz interior, en una actitud de sorpresa ante los bienes recibidos; en la capacidad de contemplar toda la realidad, como afirma Robert Spaemann, bajo una luz apacible, que es la luz del amor de Dios[3].

1. Riqueza material con pobreza espiritual

La riqueza espiritual no es olvidar nuestra pobreza

Podemos ahora hablar de pobreza y riqueza espiritual. Lejos de caer en un discurso obvio, nos gustaría despertar un cierto interés también entre los posibles lectores que no tengan el don de la fe. Muchos podrían afirmar que, en el fondo, la pobreza material es inevitable y, por tanto, lo que hacemos al hablar de riqueza espiritual es buscar un camino para olvidarnos de lo pobres que somos. Esta era la idea que tenía Karl Marx de la religión en general y especialmente del cristianismo. De la religión este autor afirmaba que era el opio del pueblo, pues actuaba como un narcótico o una anestesia, adormeciendo a las personas en consuelos espirituales que para Marx eran inexistentes e insoportables: su única función era mantener pobres a los pobres. Al cristianismo, además, Marx reservó sus críticas más agudas, como

---

[3] Cf. Robert Spaemann. *Felicidad y Benevolencia.* Rialp: Madrid 1991.

por ejemplo cuando afirmaba que «los principios sociales del cristianismo justificaron la esclavitud en la antigüedad, glorificaron a la servidumbre en la Edad Media y también saben, cuando es necesario, defender la opresión del proletariado, aun cuando, al hacerlo, pongan cara de lástima. Los principios sociales del cristianismo predican la necesidad de una clase dominante y una clase oprimida, y lo único que tienen para esta última es el piadoso deseo de que la otra se muestre caritativa. Los principios sociales del cristianismo remiten al cielo la corrección de todas las infamias... y justifican por lo mismo su existencia continuada en la tierra. Los principios sociales del cristianismo predican la cobardía, el desprecio de sí mismo, el envilecimiento, la sumisión, el desaliento, en una palabra, todas las cualidades del canalla»[4].

El problema de esta teoría es que el mundo de Marx está construido alrededor de una lucha entre oprimidos y opresores, entre vencedores y vencidos. Además, en el horizonte de su pensamiento no se encuentra ninguna instancia superior, ni siquiera una lejana esperanza de una justicia definitiva. Se trata, por tanto, de una posición muy negativa ante el mundo y ante el hombre que observa con desesperación la realidad, sin entender su existencia. Esta teoría ha recorrido ya muchos años de historia, tocando fondo en la organización sociopolítica de muchas naciones

---

[4] Karl MARX & Friedrich ENGELS. "Der Kommunismus des «Rheinischen Beobachters»" en *Werke*, vol. 4, Berlin: Dietz Verlag. 1972 (05/09/1847). pp. 191-203, p. 200. Disponible en: http://www.mlwerke.de/me/me04/me04_191.htm

ahora inexistentes. Sin embargo, el eco de su fuerza sigue escuchándose con grandes sufrimientos en muchas otras naciones del mundo. Y si recordamos esta idea en este capítulo es porque, como enseña Illanes, la teoría de la riqueza y de la pobreza de Marx, antes de ser comunista, era una teoría atea[5]. En su comprensión del hombre y del mundo nunca existió Dios; las derivaciones de la teoría de Marx, derivaciones que tal vez el mismo filósofo hubiera criticado, demuestran de manera evidente las consecuencias de organizar la sociedad sin contar con Dios. El papa Pablo VI lo expresaba de manera muy clara, cuando reconocía que «ciertamente, el hombre puede organizar la tierra sin Dios, pero, al fin y al cabo, sin Dios no puede menos de organizarla contra el hombre»[6].

Las consecuencias humanas del materialismo

Nos gustaría invitar a Marx a contemplar el mundo que resulta de ignorar aquello que él llamaba *los principios sociales del cristianismo* y a juzgar si ese sería el paraíso con el que soñaba. Los obispos de Cuba invitaron a un profesor para dirigirse a un grupo de personas encargadas de hablar en público sobre la Iglesia. La conferencia episcopal hizo el trámite para el visado tres meses antes del evento y recibió una

---

[5] Cf. ILLANES, JOSÉ LUIS. 2020. "Prólogo" en MELÉ, DOMENEC. *Valor humano y cristiano del trabajo: Enseñanzas de s. Juan Pablo II*. Pamplona: Eunsa. p. 20.

[6] Papa SAN PABLO VI. *Populorum Progressio: carta encíclica sobre la necesidad de promover el desarrollo de los pueblos*. LEV: Città del Vaticano 1967. n. 42. Disponible en www.vatican.va

confirmación tres días antes. El control de la situación no estaba en manos de los organizadores, y querían que quedase claro. Visitar un país detenido en el tiempo es encontrarse con una de las más increíbles experiencias que una persona puede vivir, no solo porque se da un fenómeno inusitado: las personas charlan amigablemente unas con otras en cada pausa del congreso, de manera natural, sin distracciones. Pero, además, subir a uno de esos autos de mitad del siglo xx, que por el ingenio humano siguen funcionando, lleva a pensar que vivimos realmente en una sociedad del consumo, donde buscamos cambiar tal vez demasiado rápidamente las cosas que usamos y, lamentablemente, a veces también las amistades que tenemos.

En aquella nación existe una moneda que puede cambiarse por moneda extranjera, útil para los turistas; y, además, otra moneda con la que pagan a la población que no se puede cambiar por moneda extranjera. Unos cuantos jóvenes llevaron al profesor a visitar la universidad central de la Habana y tuvieron a bien hacerse una foto junto a la famosa escultura en bronce que es la figura de "un caballero de París". Una ciudad llena de turistas, de nuevas inversiones —especialmente en hoteles— y de viviendas en ruinas. Al llegar a un café de la zona turística se sugirió la posibilidad de tomar una merienda.

—Imposible —afirmaron—. Nunca hemos estado allí.

Además del posible problema económico que significaría para los jóvenes, la cuestión era si podían libremente acudir a cualquier lugar de la ciudad. Era sin duda posible circular por todas partes, pero no tenían los medios para hacerlo, ya que cualquier bebida allí costaría el cinco o diez por ciento del salario mensual que recibían por parte del gobierno sin importar el tipo de actividad que desarrollaran. Con ese sueldo compartían una casa, que en realidad no era propiedad de todos, sino que parecía que no era propiedad de nadie. Y, además, podían alimentarse con un poco de arroz y otras verduras, comprando un poco de pollo cada dos semanas. La triste conclusión de aquellos jóvenes era que deseaban poder no vivir allí, encontrar otro horizonte de vida, sabiendo que era imposible y que no podrían dejar atrás su familia y sus amigos. Era como tocar con la mano las tristes consecuencias de un sistema social que promete el máximo desarrollo material, pagando el precio de ignorar que Dios tiene un papel en la vida de los hombres y que por eso respeta su libertad. Estas consecuencias han de preocupar a quienes se plantean el desarrollo espiritual de los pueblos.

Karl Marx era un hombre inteligente y podríamos decir que parecía sinceramente preocupado por la situación de la sociedad en que vivía. Gracias a su matrimonio con la hija del barón de Westphalen fue un hombre que conoció la abundancia, pero también la pobreza y el exilio. Una persona deseosa de marcar un antes y un después en la historia de la humanidad, que afirmaba que los filósofos se habían dado a la tarea de comprender el mundo, cuando lo necesario era darse a la tarea de cambiarlo. La economía política de Marx es la expresión del deseo humano por alcanzar la máxima riqueza material, a fuerza de olvidarse lo más decididamente posible de toda riqueza espiritual. Tanto su actitud, como el fracaso de su obra, nos ponen ante uno de los más importantes problemas del pensamiento social occidental: la auténtica comprensión de la pobreza y de la riqueza, así como su dinámica con la religión y la fe.

El pecado como pobreza espiritual

Los cristianos saben que la Iglesia no tiene como misión indicar cuáles son los instrumentos para organizar la sociedad, pues estos son de carácter político o económico. No obstante, los pastores de la Iglesia tienen la obligación de denunciar el dolor que causan las injusticias. Lo hacen como un padre de familia que descubre el dolor de uno de sus hijos y acude a quien tiene la posibilidad de remediarlo, sin intentar resolver por sus propias manos o con su escasa ciencia un problema que excede su capacidad. Por tanto, la Iglesia ha predicado con razón el desprendimiento de los bienes materiales, porque al origen de ese desprendimiento no está sino el deseo de alcanzar una más profunda unión con Dios.

No obstante, de acuerdo con el Génesis, el primer libro de la Biblia, el Creador del Universo entregó la creación entera al hombre, para que la custodiara y la dominara en su nombre. Dios es Señor de toda riqueza y la entrega entera, sin reservarse nada, al hombre para que administre todo como un guardián de la creación. La Biblia enseña que Dios crea toda la realidad gratuitamente, especialmente para enriquecer al hombre, de manera que la riqueza humana es riqueza de Dios. Antes del pecado original no sería posible pensar en una competición o contradicción entre la riqueza material y la riqueza espiritual. Después del pecado, el corazón del hombre ha quedado herido por su propia falta y se apega a los bienes creados, de ahí que la máxima de nuestro sabio poeta se acerca a la definición del pecado que nos ofrece san Agustín: «*Aversio a Deo et conversio ad creaturas*»[7]. El pecado es la aversión o rechazo de Dios, para apegarse o acogerse al solo interés por lo creado. Antes de abordar con mayor atención esta lucha aparente entre Dios y sus criaturas, tan sutilmente sugerida por Marx y por quienes a lo largo de la historia han tomado como buena ocasión sus teorías para someter pueblos enteros, hemos de detenernos un instante para emprender un camino que nos lleva siglos atrás en la historia de la humanidad.

2. La religión en los pueblos antiguos

Elemento unificante de la sociedad

En los siglos en que las palabras de nuestro antiguo poeta resonaban en las ciudades de la región central de la India, tenía lugar un gran desarrollo social y humano en las ciudades griegas. Christopher Dawson reconoce que cualquiera que hubiese visto el desarrollo del imperio griego en tiempos de Pericles y hubiese podido contemplar el desarrollo de sus más de cien ciudades-Estado, podría pensar que el desarrollo social de la humanidad había llegado a su máximo

---

[7] S. Agustín. *De Civitate Dei*. libro XIV, 28. Disponible en www.augustinus.it

esplendor. No parecía posible que las bellas artes, la filosofía, el arte de la guerra, la democracia —al menos para los ciudadanos libres— y un sentido social de la justicia pudiese avanzar de manera más clara o decidida de lo que había sucedido hasta entonces en las polis del imperio griego.

Los habitantes de las polis no tenían la ingenuidad de pensar que el conocimiento podía acumularse indefinidamente, porque de hecho volvían constantemente a la consideración de la verdad más esencial para el hombre: su naturaleza y su dependencia de los dioses. Los habitantes de Atenas en el siglo IV a. C. se lamentaban de que los espectáculos teatrales que se ofrecían en la ciudad divertían a la población, pero no alcanzaban a cambiar lo más íntimo del alma humana. Era una lección dada hace más de dos mil años, que podría tal vez ser útil también para nuestra moderna industria del entretenimiento. Ese desarrollo imponente del intelecto humano que tuvo lugar en las polis de Pericles no impidió la ruina de la civilización griega. La red de ciudades-estado no solo se hundió, sino que fue rápidamente sometida por el poder de Roma. La razón del derrumbe de un mundo tan seguro de sí mismo no se encuentra solamente en el poder de las fuerzas que terminaron por doblegarlo, sino en el corazón de sus mismos ciudadanos. Un destino que, siglos después, también acabaría compartiendo el imperio romano[8].

Mientras la filosofía griega había enseñado a sus ciudadanos a cultivar la virtud, invitando a cada uno

---

[8] Christopher Dawson. *Progress and Religion*. o.c. p. 59.

de los hombres libres a entregarse a los más altos deberes de la civilización, el imperio romano había forjado en cada uno de sus ciudadanos una concepción de superioridad y dignidad inigualables. Ser ciudadano romano era una gracia y una responsabilidad ante el emperador y sus súbditos, que permitían a cada uno formar parte de la mayor gloria y honor de su pueblo. La búsqueda de la verdad para los griegos y la ambición por la gloria de los romanos constituyó en aquellas personas un motor para el desarrollo también material de sus pueblos. Durante largos siglos, pacientemente, la academia de Atenas llegó a la convicción —y la transmitió sabiamente a sus habitantes— de que las ciudades debían ser centros de enseñanza de la virtud, de manera que la ley debería orientar a cada persona hacia su perfección. El gobierno de la *polis* debería naturalmente recaer en los filósofos que tenían una mayor capacidad para percibir el bien y la verdad. La sabiduría práctica de los romanos les llevaría a adaptar esa filosofía a su propio imperio, dejando la verdad a merced de lo más útil para la unidad de sus vastos dominios. Séneca y Varrón afirmarían, por tanto, que había muchas cosas que el pueblo consideraba verdaderas y no lo eran, mientras que otras verdades eran tomadas como falsas por el pueblo, pero valía la pena no sacarlos de su error ya que lo que convenía a Roma no era tanto la verdad, cuanto la unidad del imperio.

El punto que queremos subrayar es que, a pesar de la fundamental diferencia entre Roma y las *polis* griegas, a la base del desarrollo económico estaban muchos siglos de pensamiento y de oración a los dioses. Una vez que los ciudadanos alcanzaron un gran nivel de riqueza material, la necesidad de acudir a la oración o a la reflexión perdieron su vigor. Cuando los pueblos descuidaron sus propias virtudes y el respeto por la dignidad de ser ciudadanos de su propio Estado, entonces la fuerza de su imperio disminuyó notablemente, al punto de fracturarse y finalmente romperse ante los ímpetus de pueblos física o militarmente más fuertes.

La religión se confundía con la política en estos pueblos antiguos, pero era la religión y no la política lo que representaba el elemento unificador de sus pueblos. El emperador romano debía ser venerado como una divinidad porque permitía aunar culturas y tradiciones muy diferentes dentro de la legislación romana. Parecía, por tanto, lógico que quien negara la autoridad divina del emperador negase al mismo tiempo la sujeción al poder que había creado la *pax romana*.

Cuando una sociedad pierde ese elemento unificador, esa fuerza de unidad de voluntades, que para Roma era la divinidad imperial y siglos después para los reinos confesionalmente cristianos fue la fe en Jesucristo, parece necesario encontrar una nueva razón para trabajar junto a los demás en favor del bien común. Los primeros habitantes de Norteamérica encontraron como elemento unificador de sus colonias el deseo de crear un mundo nuevo, pero lo hicieron conscientes de contar con una gran unidad como un pueblo reunido bajo la atenta mirada de Dios, como escribieron en la Constitución americana. Si el paso cansino de la historia se desprende de ese elemento unificador de la religión, la marcha del desarrollo no aumenta, sino que se detiene. Sin importar que los pueblos lleguen a acumular riquezas colosales, la dinámica del desarrollo no se mantiene con solo bienes materiales, sino que requiere una fuerza moral, un carácter trascendente.

Actualmente, en casi todos los casos, las naciones mantienen su unidad no tanto por sus tradiciones religiosas ni por la consideración de sus ciudadanos de formar parte de un mismo pueblo, sino por la legislación y el orden que impone el Estado por la fuerza de su autoridad. La unidad nacional no es siempre fruto de un orden económico, como sugería satisfecho Adam Smith, donde el deseo de satisfacer las propias necesidades nos lleva a colaborar de manera natural con los demás. Smith sabía que la convivencia humana no podía confiarse al solo orden económico, aunque pensaba que era la búsqueda del intercambio comercial lo que más contribuiría a esa convivencia. En nuestros días, confiar la colaboración humana al desarrollo material se revela como demasiado frágil para afrontar los difíciles problemas de una sociedad tan llena de información y de movimiento de nuevos habitantes.

Las antiguas constituciones o la *Common Law* del mundo anglosajón han mantenido su eficacia porque estaban, por una parte, asentadas en las virtudes de los pueblos, que eran en su gran mayoría virtudes cristianas. Y, por otra parte, las antiguas constituciones de los pueblos contaban con reglas escritas que resultaban de las mejores costumbres de una sociedad. La mayor parte de las costumbres sociales no aparecían en la constitución, ni parecía necesario que estuviesen escritas en ella, ya que a nadie se le ocurría atacar la salud o la vida de sus propios hijos, o tampoco abandonar irresponsablemente el propio trabajo. Nada de aquello que constituía una familia digna quedaba descrito en la constitución de la incipiente nación americana, sencillamente porque no les parecía necesario a aquellos primeros colonos. Ahora, en cambio, muchas de esas virtudes y tradiciones cristianas se han erosionado y queda sencillamente la letra de la constitución, lo que hace muy difícil mantener la unidad y el desarrollo del pueblo; sobre todo cuando disminuye el más importante elemento de unidad que es la riqueza económica, como han recientemente demostrado las crisis políticas de muchas naciones.

La riqueza espiritual, motor del desarrollo

La radical dependencia de la divinidad creadora, que pone el mundo en existencia y lo mantiene en su ser, fue lo que permitió a muchos pueblos antiguos una organización y una justicia que perduró durante siglos. El olvido de la divinidad y el atropello de la dignidad de los más vulnerables, de los prisioneros, de los infantes, de los enfermos, fue lo que terminaría por llevar estas civilizaciones a su fin. En otras palabras, la riqueza material, a lo largo de la historia, ha sido fruto de la riqueza espiritual de los pueblos, que gracias a sus valores y virtudes fundamentales han lanzado a sus ciudadanos a edificar proyectos cada vez más grandes, a servir grupos cada vez más amplios, a alcanzar con su arte, con sus productos y servicios cada vez más personas. Por el contrario, cuando termina el vigor espiritual de un pueblo, que permanece hundido en sus vicios y en la ignorancia de Dios y de la dignidad de los demás, entonces ese pueblo terminará por fragmentarse, por perderse. Tal vez es esto lo que explica de manera poética Antoine de Saint-Exupéry cuando *en El principito* recuerda que «si quieres construir un barco, no empieces por buscar madera, cortar tablas o distribuir el trabajo. Evoca primero en los hombres y mujeres el anhelo del mar libre y ancho»[9]. Enseguida nos gustaría considerar si la fuerza espiritual de muchos pueblos ha influenciado su desarrollo material y si esa riqueza pudiese mantenerse a lo largo del tiempo sin el impulso espiritual que la ha creado.

En todo caso, conviene considerar que no se puede negar el valor de la religión como factor de desarrollo humano, cultural, etc., pero la religión no parece ser causa inmediata del desarrollo o de la prosperidad material. El desarrollo material puede encontrar un fundamento último en ciertas cualidades del espíritu o la cultura, pero el desarrollo de ambas dimensiones no resulta necesariamente idéntico, ya que por desgracia se dan grandes diferencias. El hombre está llamado a crecer siempre en riqueza espiritual y ese desarrollo no encuentra límite; sin embargo, el crecimiento en términos de riqueza material ha de ser suficiente, pero no tiene por qué ser siempre creciente. La religión podría considerarse más bien como motor de desarrollo humano, no solo material sino integral, sobre todo si se piensa en el aspecto relacional: cada ser humano (y cada pueblo) florece cuando

---

[9] Antoine DE SAINT-EXUPÉRY. *El Principito*. Ciudadela, sección LXXV.

se sabe amado y es capaz de amar a su vez a los otros, incluso en medio de carencias materiales, si estas no son muy esenciales o prolongadas en el tiempo.

3. Cristianismo y Riqueza

No nos sería posible en este breve texto tratar sobre las grandes religiones de la historia de la humanidad, ni siquiera sobre la relación que tienen las religiones monoteístas con la riqueza. Además, exigiría un conocimiento de los textos sagrados y las tradiciones de estas religiones que exceden ampliamente nuestra preparación. Nos gustaría simplemente considerar algunos elementos que relacionan la religión cristiana con la riqueza. Seguir a Jesucristo, conocerle, imitarle y tratarle es el ideal del cristianismo. El papa Benedicto XVI lo ponía en estos términos: «No se comienza a ser cristiano por una decisión ética o una gran idea, sino por el encuentro con un acontecimiento, con una Persona, que da un nuevo horizonte a la vida y, con ello, una orientación decisiva»[10].

Jesucristo, que vivió en la tierra, lo hizo sin grandes riquezas. Dedicó la mayor parte de su vida a trabajar dentro del entorno familiar en que creció. Era un artesano como lo era el jefe de su familia, san José. Durante siglos los cristianos han contemplado la vida de Jesús, que llamaba bienaventurados a los pobres porque «de ellos es el reino de los cielos». Dijo, además, que había venido a encontrarse con

---

[10] Papa Benedicto XVI. *Deus Caritas Est: carta encíclica sobre el amor cristiano*. LEV: Città del Vaticano. 2005. n.1. Disponible en www.vatican.va

los más pequeños de la casa de Israel, que sin duda no eran los sacerdotes ni los saduceos, ni tampoco los príncipes de las sinagogas. Las claras enseñanzas de Jesús invitaban a sus discípulos a dejarlo todo para seguirlo, pero más definitivo aún para comprender el valor de las riquezas fue su propio ejemplo: murió en la cruz desprendido de todo. El punto es importante, y vamos a considerarlo atentamente.

La ética protestante y el espíritu del capitalismo

Muchos autores se han dado a la tarea de dibujar una coherencia entre ser cristiano y poseer bienes materiales. Max Weber fue un autor protestante, padre de la sociología moderna, que terminó por indicar que la reforma de Lutero fue lo que originó el capitalismo económico como lo conocemos hoy. Quienes leyeron su obra años más tarde afirmaron que el catolicismo, por el contrario, nunca permitió el desarrollo de los pueblos, porque no consiguió incentivar suficientemente a sus fieles a trabajar en esta tierra, cara a la salvación eterna.

La obra de Weber, titulada *La ética protestante y el espíritu del capitalismo*, ha generado innumerables obras y ha sido objeto de atención desde su publicación hasta nuestros días. No obstante, en muchas ocasiones se ignora que Weber no se refería al espíritu de Martín Lutero, el principal reformador, sino a algunas sectas protestantes de su tiempo. Algunos exponentes de estas sectas al leer el Antiguo Testamento descubrían, por una parte, que la riqueza material era una clara señal de la predestinación a la salvación divina. Y, por otra parte, estas sectas consideraban la vida cristiana como un llamado a trabajar constantemente, puesto que Dios había dado la vida para hacerla productiva; incluso se creía que una hora sustraída al trabajo cotidiano era una hora que se arrebataba al designio del Creador. La consecuencia de estas enseñanzas, fundamentadas en una lectura por lo menos parcial de las Sagradas Escrituras, es que los cristianos quedaban llamados a acumular fortunas colosales, con la condición de nunca disponer de ellas, de nunca gastarlas.

La idea del cristianismo como vocación fue lo que más motivó a Weber dentro de su obra, pero su estudio no fue escrito con una actitud de oposición entre el cristianismo protestante y el catolicismo de Roma. En una carta dirigida a Karl Frisch, Weber rechaza expresamente la idea de que solo la Reforma haya causado lo que entendemos como sistema capitalista. De hecho, en su segunda edición el mismo Weber habría de incluir algunos autores católicos dentro de sus referencias, por ejemplo, a san Bernardino de Siena y a Antonino de Florencia. Esta inclusión católica dentro de su obra no era por una concesión ecuménica o por un intento de aproximarse amigablemente a los católicos, sino por la coherencia del pensamiento de Weber: él mismo observaba en las teorías de estos autores medievales que el orden y el trabajo de los conventos era un modelo para la sociedad en general. Incluso Weber pensaba que el gran logro de la reforma protestante era el de haber sacado la llamada divina al sacrificio fuera de los muros de los conventos, para aplicar a la sociedad en general una vida ascética, de trabajo, ordenada y continua que era clave para el desarrollo económico de los pueblos[11].

La enseñanza fundamental de la Biblia

Son innumerables los autores que han estudiado la relación entre el pensamiento económico y la fe cristiana. No obstante, son menos los que se han preguntado si, en su nivel más fundamental, las enseñanzas de la Biblia son incompatibles con la riqueza material. Uno de estos pensadores fue el economista austriaco, Ludwig von Mises, profesor de la London School of Economics. Este autor se dio a la tarea de descubrir si era posible afirmar una incompatibilidad fundamental entre el cristianismo y el desarrollo económico. En realidad no se hizo esta pregunta porque se interesara de asuntos teológicos, sino por coherencia con su propio pensamiento.

Para Von Mises, lo que nos lleva a comprender la acción humana son los marcos de referencia del pensamiento. Estos marcos pueden cambiar y, al cambiar, entonces se multiplican las posibilidades que tienen los individuos para actuar. Por el contrario, cuando se mantienen esos marcos de referencia es muy difícil, si no imposible, encontrar nuevos caminos en la acción humana. Con la intención de ganar en claridad, en su estudio sobre la acción humana pone el ejemplo de una vaca que está enferma. En la antigüedad el propietario de una vaca enferma podría

---

[11] Wim DECOK. *Le marché du mérite: Penser le droit et l'économie avec Léonard Lessius*. Zones Sensibles: Bruxelles 2019, pp. 27ss.

descubrir, tal vez por boca de un iluminado, que la vaca estaba hechizada. Un hechizo es comprensible de manera racional y no era insensato durante muchos siglos pensar que un animal podía enfermarse como consecuencia de un acto de brujería. Una posible solución, por tanto, era buscar purificar al animal con otro acto de magia más espectacular, o bien darle algún antídoto al hechizo. El marco de referencia establecido no permitía infinitas acciones, y después de probar con algunas cuantas posibilidades, la opción final era liquidar a la pobre bestia enferma. Pero si se modifica el marco de referencia, afirmando, como haríamos en la actualidad, que la vaca no está hechizada, sino enferma, entonces el dueño podrá acudir a un veterinario o buscar alguna medicina para salvar al animal. Al cambiar el marco racional de referencia se abren más posibilidades a la acción humana. La pregunta de nuestro autor le llevaba a considerar si el cristianismo llegaba a constituir un marco racional de referencia que limita la acción humana en la esfera económica. Si así fuese, entonces podríamos plantearnos modificarlo −o incluso suprimirlo− para multiplicar las posibilidades del obrar humano en vista a aumentar la riqueza material de los pueblos[12].

Angelo Tosato, profesor de Sagradas Escrituras, se dio a la tarea de responder a las objeciones de Von Mises. En su opinión, bajo una lectura más atenta de la Escritura es posible descubrir que Jesucristo, cuando se refiere a la riqueza (en latín: *mammona*), no lo

---

[12] Ludwig VON MISES. *The Human Action: A Treatise on Economics.* vol 1. Liberty Press: Indianapolis 1996 (1949), p.122.

hace siempre en términos negativos. De hecho, para afirmar que existe una riqueza negativa es necesario añadir un adjetivo específico (en latín: *mammona iniquitatis*). Lo que claramente no es posible unir, por ser incompatibles entre sí, es el servicio a la riqueza y el servicio a Dios.

El cristianismo no predica un desprecio de las cosas creadas, porque sería tanto como despreciar al autor de esas obras, que es Dios. El énfasis de la doctrina cristiana está en la relación con Dios y la experiencia de la historia de la humanidad enseña que es muy difícil dominar la ambición por poseer las cosas para alcanzar el amor de Dios. Es por este motivo que existe una ascética (enseñanza de las virtudes cristianas) que lleva a un sano desprendimiento de los bienes creados. San Josemaría, por ejemplo, enseñaba que la pobreza consistía en «no tener nada como propio, no tener nada superfluo, no lamentarse cuando falta lo necesario; cuando se puede escoger, elegir la cosa más pobre, menos simpática; no maltratar las cosas que usamos; hacer buen uso del tiempo»[13].

Al mismo tiempo, la Iglesia ha declarado que algunas personas muy ricas están en el cielo, como lo demuestra la canonización de algunos reyes y reinas, en un periodo histórico en que el monarca poseía no solo todos los bienes materiales de su reino, sino que disponía de la vida y de la muerte de sus súbditos. Afirmar la santidad de una persona no es incompatible con la posesión y dominio de esos bienes, lo

---

[13] Álvaro DEL PORTILLO. *Entrevista sobre el Fundador del Opus Dei* por Cesare Cavalleri. Rialp: Madrid 2014 (1992). n. 181.

que sería incompatible es aceptar como buena una relación de dependencia de esos bienes: la relación humana con los bienes creados no puede ser nunca servil, porque el servicio de la propia vida se debe solo a Dios[14]. Así lo recuerda la sabiduría popular: el dinero es un gran siervo, pero un terrible amo.

Entre las muchas observaciones de Tosato, nos gustaría subrayar su concepción del juicio de Cristo a la humanidad. Sostiene que no consistirá en términos únicamente de intenciones, sino que efectivamente premia a quien le ha dado de beber al que tenía sed, de comer al que tenía hambre, al que ha vestido a quien estaba desnudo y a quien ha visitado al abandonado en la cárcel o en el lecho de su enfermedad (cfr. Mt 25). El juicio de Dios, que para los cristianos se refiere a la caridad, al amor con que tratamos a Dios y a los demás por Dios, es un juicio sobre una «caridad concreta». Esto significa que el cristianismo no solo impulsa a tener buenos sentimientos o deseos, sino a multiplicar efectivamente los bienes de la tierra para con ellos servir a los demás. En palabras modernas diríamos que las virtudes que promueve el cristianismo se refieren a la productividad, la eficiencia, el servicio, la calidad, etc.[15].

Sobre esta misma línea de reflexión, podemos situar un suceso que tuvo lugar en el pontificado de Benedicto XVI. El santo Padre se preguntaba con preocupación sobre los grandes movimientos

---

[14] Cf. Angelo Tosato. *Economia di mercato e cristianesimo*. Borla: Roma 1994.
[15] *Ibid.*, p. 94.

económicos, porque podrían llevar a muchos trabajadores a vivir un notable cambio cultural si, por ejemplo, como consecuencia de la dinámica laboral, perdían la posibilidad de dedicar suficiente tiempo a su familia o si les resultaba imposible dedicar tiempo a su comunidad y amistades. Los movimientos económicos para este romano pontífice no eran solo adquisiciones económicas, sino que podrían convertirse en adquisiciones culturales. Invitaron entonces a la ciudad del Vaticano a un profesor de economía para explicar alguna de estas dinámicas y, como era una cosa puntual pero importante, el papa estuvo presente junto con muchas otras personas que trabajaban en el gobierno de la Iglesia Universal. En un momento determinado, uno de los presentes formuló una pregunta para el profesor de economía. Se trataba de una cuestión planeada con antelación, aunque no todos lo sabían, pero el profesor pidió que se le hiciera esa pregunta porque deseaba subrayar un punto dentro de su exposición. «¿Qué tiene que hacer un rico para entrar en el Reino de los Cielos?». Conocemos bien la enseñanza de Jesús en el Evangelio por la pregunta que le hizo el joven rico. Jesús le respondió: «Ya conoces los mandamientos: no matarás, no cometerás adulterio, no robarás, no dirás falso testimonio, no defraudarás a nadie, honra a tu padre y a tu madre» (Mc 10, 19). Y cuando el joven afirmaba que los cumplía desde su juventud, entonces el Señor lo invitó a dejar todo y a seguirlo. La historia del Evangelio se resuelve en la tristeza del joven, que fue incapaz de acoger la invitación del Señor y solo sabemos que se alejó de Cristo aquel día. Los apóstoles, impresionados, se cuestionaban entonces ante las palabras del Señor: «¡Qué difícilmente entrarán en el Reino de Dios los que tienen riquezas!» (Mc 10, 23). Y el Señor les aseguró que «es más fácil a un camello pasar por el ojo de una aguja que a un rico entrar en el Reino de Dios» (Mc 10, 24).

No tenemos el tiempo ni el conocimiento para exponer acabadamente las posibles interpretaciones del pasaje bíblico; ya que, por ejemplo, algunos afirman que «el ojo de una aguja» era una puerta de Jerusalén por donde los camellos habían de pasar agachados y por tanto el Señor pedía la humildad de los ricos para que pudiesen entrar en el reino de los Cielos. En todo caso, ante la misma pregunta, el profesor de nuestra historia quiso dar una respuesta diferente a la que daban los Evangelios y para sorpresa de muchos dijo a su interlocutor: «Si un rico quiere entrar en el Reino de los Cielos, debe volverse cada día más rico». Con esto el profesor no quería de ninguna manera oponerse a las enseñanzas de la Biblia, simplemente quería subrayar que el cristianismo lleva en todo caso a hacer uso de los propios dones y talentos en el servicio de los demás. Por tanto, un buen cristiano, si lo es profundamente, se convierte en un buen empresario, en un buen ciudadano, en un buen empleado… En definitiva, en un multiplicador del bien común de los pueblos.

Al afirmar la importancia y, al mismo tiempo, el sano desprendimiento de los bienes creados, el cristianismo no opera una ruptura con la naturaleza humana. Al mismo tiempo, recuerda que Dios no actúa de manera que el hombre pueda percibir siempre un beneficio material en la acción divina. El Señor domina sobre el mundo, pero también sobre la historia, así que de una pérdida material en un momento de la propia vida o de la historia de la humanidad, puede haber grandes bienes futuros. Esto sucedió, por ejemplo, cuando la Iglesia perdió los Estados Pontificios, una herencia territorial que por generosidad divina tuvieron los cristianos durante más de mil años y que en cambio actualmente constituiría un gran desafío para el camino de la Iglesia. Gobernar lo que actualmente sería un país de alrededor de doce millones de personas podría no ser compatible con la misión espiritual del papa, incluso cuando en el pasado estos estados pontificios fuesen tan importantes para garantizar la estabilidad del pontificado y de la Iglesia.

En definitiva, no parece tan evidente, como lo sugieren algunos lectores de las teorías de Marx, que el cristianismo prometa una vida al margen de las responsabilidades terrenas. En realidad, el cristianismo hace la vida más plena y a veces más compleja en todos los campos del obrar humano. El cristianismo no invita a renunciar a los propios derechos y obligaciones, abandonando las propias responsabilidades con la excusa de un desprendimiento de los bienes de la tierra. No exige ignorar el atractivo de la creación, sino que multiplica su belleza porque genera bien y verdad con su marcha en la historia. Y en concreto, ser cristiano es imitar a Jesucristo, que vivió sobria y pobremente para mantener una fundamental relación con todos. Jesús era amigo de personajes ricos: de Nicodemo, de José de Arimatea —que la Escritura dice expresamente que era un hombre rico (cfr.

Mt 27, 57)–, de los hermanos de Betania: Marta, María y Lázaro –que eran importantes entre los judíos (cfr. Jn 11,19)–, etc. También lo era de hombres y mujeres pobres, personas desposeídas en cierto sentido de respeto social y de todos sus bienes.

Ante todo, Jesucristo tuvo como centro de su vida la voluntad del Padre, el servicio a Dios y por Dios a los hombres. Cuando alguien trabaja con ese mismo espíritu, entonces su trabajo y las riquezas de su trabajo están dentro del espíritu del Evangelio. A lo largo de su vida lo enseñó san Josemaría, por ejemplo cuando animaba a un grupo de empresarios diciéndoles: «A los que tengáis que manejar cuartos, os miran con recelo. Yo no. (…) A vosotros os debe la sociedad esa cantidad de puestos de trabajo que creáis. El país os debe la prosperidad. A vosotros os deben, tantas gentes, esta promoción de la vida nacional. Hacéis, por tanto, una labor muy cristiana… Me encanta vuestro trabajo, vuestras tareas (…). Hijos míos, vuestros negocios están metidos en el Evangelio. El Señor os mira con cariño. (…) Yo también os miro a todos con afecto especial»[16].

En definitiva, la máxima de la enseñanza cristiana para el buen uso de las riquezas está resumida en las palabras del mismo Jesucristo cuando decía: «Dad al César lo que es del César y a Dios lo que es de Dios». El Evangelio narra que unos fariseos se acercaron a él para tentarle y buscar oponerle al poder de Roma (Mt 22, 15-21). Le preguntaron, con

---

[16] Cf. Fernando Ocáriz. *El IESE y la función de la empresa en la sociedad.* 5 julio 2019. Disponible en www.opusdei.org

aparente inocencia, si era lícito pagar los impuestos, colocando la enseñanza espiritual del Señor en colisión con la ley impuesta por los romanos que entonces dominaban Palestina. La pregunta de Jesús les dejó sin palabras, e incluso la Escritura Santa dice que nadie se atrevía a preguntarle nada más. La respuesta de Jesús no era una imposición, sino una invitación a reflexionar. Pidiéndoles que le mostrasen una moneda, les preguntó: «¿Se quién es esa imagen y esa inscripción? De César, le respondieron. Pues entonces, dad a César lo que es de César y a Dios lo que es de Dios» (Mt 22, 20-21).

A Dios pertenece nuestra actitud de escucha ante cualquier verdad que nos supera. En ocasiones el encuentro con esa verdad puede ser un suceso especialmente alegre o doloroso; conocer a una persona que vive de manera diferente, porque no pierde la paz ni la felicidad a pesar de las dificultades de su vida. A veces esa actitud de escucha nace de la oración y lleva a la paz, como enseñaba Madre Teresa de Calcuta: «El fruto del silencio es la oración. El fruto de la oración es la fe. El fruto de la fe es el amor. El fruto del amor es el servicio. Y el fruto del servicio es la paz»[17]. De lo que pertenece al César hemos hablado ya al tratar de la riqueza material, de lo que pertenece a Dios hemos tratado aquí como un encuentro con la verdad divina que los cristianos conocen por el diálogo y amistad con Jesucristo; por la práctica de los sacramentos, por la escucha de la Palabra de Dios, por la oración

---

y la piedad cristiana. Cultivar delicadamente la fe significa también hacerla más razonable, porque la riqueza espiritual no es un sentimiento sino una actitud vital que informa todo nuestro obrar. La fe guía las obras, y cuando se pierde el motivo fundamental para obrar, entonces se da al César lo que es de Dios y el justo culto al Creador se sustituye con otro tipo de fe: en el progreso ilimitado, en el bienestar que puede proporcionar la sociedad o el Estado, en una perenne salud o juventud, etc. Negar la riqueza espiritual, con teorías materialistas o con la indiferencia de una secularización que empobrece al hombre, nos llevaría a la búsqueda —muchas veces desesperada— de otras razones para nuestra existencia.

Hemos de continuar con la enseñanza de nuestro antiguo poeta para considerar la riqueza que tantas personas generan, no movidas por una fe religiosa, sino por un sincero deseo de servir a los demás, por cuidar de los que sufren, por compartir sus recursos en vista de un mundo mejor. Al desarrollo racional de la humanidad dedicaremos el siguiente capítulo.

IV.
Mauninaha kalho Naasti
SI ESTÁS EN SILENCIO, NO HAY GUERRA

EN ESTE CAPÍTULO NOS GUSTARÍA CONSIDERAR, en la medida de lo posible, el problema de la pobreza racional que antes hemos definido como la ausencia de aquellos bienes que elevan el espíritu humano hacia su perfección. Platón, por ejemplo, sugería que para forjar un buen ciudadano era necesario dotarlo con una seria educación poética y musical, además de una buena ejercitación física[1]. Esta última no consistía tanto en duros ejercicios sino en la disciplina necesaria para mantener una dieta sana y equilibrada, de manera que el desarrollo del cuerpo siga las instrucciones del alma. Nosotros también hemos de proceder poco a poco para dibujar un camino hacia la elevación racional del hombre, que comienza por la vía del silencio.

---

[1] PLATÓN. *La República*, 404e. Edición del año 2000. Cambridge Texts in the History of Political Thought. Edited by G.R.F. Ferrari and translated by Tom Griffith. Cambridge University Press: Cambridge, p. 96.

El libro del cardenal Robert Sarah titulado *La fuerza del silencio* es un buen punto de partida para considerar el significado de lo que entendemos por silencio. En las primeras páginas de su obra nuestro autor narra su experiencia al visitar la Gran Cartuja, en Francia, al parecer no muy lejos de Grenoble. Lo acogió el superior de ese monasterio tan antiguo, llevándolo en silencio a través de aquellos muros centenarios. De manera impresionante, el cardenal puso su mirada ante el cementerio de la cartuja, donde aquellos hombres que han recibido esa vocación tan especial a consagrar su vida a la oración y al silencio terminan sus días y son enterrados allí sin una lápida que conmemore su nombre, totalmente olvidados por el mundo, para siempre.

El sentido del silencio no es la entrega resignada hacia la nada, ni tampoco una huida desesperada de un mundo que rechazan. Para los cartujos el silencio es la ocasión para escuchar una voz que palpita de manera más sutil y que es más importante que cualquier ruido de la tierra: la voz de Dios. Es por este simple motivo que podemos pensar que estos hombres no eligen el silencio por el silencio, sino que el silencio es un medio para alcanzar el encuentro con Dios. No hace falta decir que no todas las personas reciben esta llamada de Dios tan especial, de manera que la búsqueda del silencio no está siempre motivada por una vocación divina. En todo caso resulta interesante que el cardenal afirme que el silencio es una liberación divina que coloca al hombre en el centro de su ser y que le permite entrar en la profundidad del misterio divino[2]. Esto significa que para los creyentes el silencio es ocasión de encuentro con Dios; y para quienes no lo son, el silencio es un espacio que re-dimensiona los problemas de la vida y pone lo importante en el centro de la propia existencia.

En definitiva, la necesidad del silencio en el ser humano puede no estar motivada por un sentimiento religioso, pero en todo caso existe como un camino para elevar el espíritu hacia la paz. Esto sucede así porque el silencio es como el espacio que tenemos para elaborar una reflexión meditada sobre nuestra propia vida y sobre la misión que tenemos en la tierra. Para muchas personas el silencio puede ser un auténtico lujo, en medio de tanto ajetreo y de tantas ocupaciones cotidianas, en un constante ir y venir de tareas y de atención a tantas personas. En realidad, el silencio no es un refugio personal, sino que se asemeja más bien a un esfuerzo natural por situarse con un poco más de distancia ante la propia existencia para contemplarla mejor. Es como cuando un pintor decide dar un paso más atrás para contemplar toda la obra que está realizando, adquiriendo así una mejor perspectiva y una buena distancia, para volver entonces a culminar aquel detalle que absorbía su labor.

Del silencio ha nacido la actitud filosófica y los grandes principios del pensamiento, y también del silencio se ha generado la convicción de poder acumular la sabiduría, pacientemente, atesorando poco

---

[2] Cf. Robert SARAH. *La force du silence: contre la dictature du bruit.* Fayard: París 2016.

a poco las enseñanzas de nuestros ancestros. Estas enseñanzas no eran siempre obvias. La comprensión de una motivación religiosa al inicio del silencio, y el deseo natural humano de elevar el espíritu, no significa que no existan otras razones y otros medios para alcanzar este silencio. El punto que nos gustaría subrayar es que, en todo caso, nuestro sabio tiene razón: el camino más directo hacia la paz es el que pasa a través del corazón humano. No basta, por tanto, con establecer una serie de reglas o normas que sean exteriores al hombre, sino que la moral que pretenden fomentar esas reglas ha de ser ante todo un deseo personal.

Nos gustaría enseguida profundizar en esta última consideración, ya que son numerosos los filósofos que se han dado a la tarea de crear una paz, a fuerza de imponerla por la fuerza, olvidando que la paz nace siempre de la libre aceptación del hombre de su propia realidad y de su vida entera. No vamos a entrar en un discurso abstracto, pero intentaremos subrayar que no hablamos de paz en términos de conflictos de carácter social o político. La paz más importante a la que aspiramos es la paz interior, del alma, que es también la más difícil de alcanzar, porque exige una constante satisfacción del ánimo humano, tan solicitado por el ruido de la publicidad, de la información, de lo inmediato.

¿Debemos imponer la paz con la fuerza?

La paz puede entenderse como la ausencia de violencia, de conflicto o de guerra. Pero la paz no es nunca una actitud pasiva, ya que requiere un gran esfuerzo.

No sería difícil observar que la paz es fruto de una lucha constante por fomentar el silencio. Cuando los romanos deseaban sellar la extensión de su imperio con la paz, la famosa *pax romana*, crearon un sistema legal que les permitiese juzgar a cada ciudadano del mismo modo sin importar la sede del juicio; pero, además, fueron los primeros que ofrecían la ciudadanía romana a personas que no tenían sus mismas características étnicas y que no habían nacido en un territorio determinado. Ser ciudadano romano tenía un precio, pero lo que constituía esa ciudadanía era en realidad acoger y defender un modo de vivir que respondía al código civil dibujado por la legislación del imperio. La pregunta natural que se hacían los romanos alcanza relevancia hasta nuestros días: «¿La justicia tiene algún tipo de relación con la fuerza?». Sófocles decía que la justicia se convertía en fugitiva cuando tocaba el campo de los vencedores, porque, al alcanzar el poder, quienes gobernaban diluían la justicia. La antigua enseñanza de Sófocles puede explicarnos que un dictador africano, Jean-Bedel Bokassa (1921-1996), haya gastado una quinta parte del presupuesto de su nación en una ceremonia donde se auto proclamó emperador de uno de los países más pobres del mundo. En ocasiones, como en este ejemplo, sucede tristemente que la injusticia queda unida irremediablemente al poder.

Lo justo y lo mejor en Aristóteles

Lejos de aceptar este tipo de situaciones, los filósofos en la antigüedad habían considerado con gran atención cuál era el acto de justicia más perfecto.

Aristóteles ponía como ejemplo el uso de los instrumentos musicales y preguntaba a sus discípulos quién debía hacer uso de las mejores flautas en una sociedad determinada. Algunos opinaban que quien pudiese pagar más por las mejores flautas, adquiría el derecho de utilizarlas porque había sacrificado más oportunidades para tener los mejores instrumentos musicales. Este es el argumento materialista. Otros decían que la autoridad de la polis, que orientaba a los ciudadanos hacia la virtud, debería entregar las mejores flautas a aquellos que más las necesitaran, de manera que todos tuvieran igualdad de oportunidades para hacer uso de los mejores instrumentos. Este es el argumento que concierne la justicia distributiva y que, como veíamos antes, tiene el gran riesgo de pensar que las autoridades poseen toda la información necesaria para juzgar sobre toda la realidad social y, por tanto, para hacer justicia, cosa que en muchos casos es imposible.

La idea de maximizar el bien común, o de alcanzar la máxima felicidad para el mayor número de personas posibles, resulta normal en los utilitaristas de nuestros días, pero no era la visión de Aristóteles. El filósofo les decía a sus discípulos que las mejores flautas han de ser utilizadas por los mejores flautistas. En su intención, Aristóteles no pretende multiplicar el bien común, cosa que sucede cuando se crea la mejor música posible gracias a que los mejores flautistas utilizan las mejores flautas. El motivo del filósofo no considera solamente el bien común, sino la estructura de la realidad creada: es un argumento metafísico. Las mejores flautas han sido diseñadas del mejor modo posible y están hechas para ser ejecutadas también del mejor modo posible.

La manera en que fueron hechas exige que se utilicen —que se ponga en acto su potencialidad también de la manera más perfecta— del modo mejor posible y esto exige entregar las mejores flautas a los mejores flautistas. El pensamiento de Aristóteles nos enseña que la flauta que existe para ser perfecta se actualiza en su perfección cuando es interpretada por un gran maestro. Y toda la realidad ha sido hecha con diferentes grados de perfección, de ahí que lo que da «a cada uno lo suyo» es la actualización de la propia perfección, según su propio grado y cualidad[3]. Aristóteles podría pensar que las divinidades podían siempre actualizar al hombre en su perfección, a pesar de que las divinidades paganas no eran divinidades del amor —del *agape*— sino que eran divinidades del impulso pasional —del *eros*— a veces desordenado. La mayor riqueza racional se alcanza cuando se eleva el espíritu humano; a través de la realización de obras materiales perfectas o incluso a través de la más perfecta racionalidad, como son las teorías matemáticas o científicas que entregan al alma humana una mayor comprensión de la realidad creada. Para Aristóteles, en todo caso, el mayor grado de riqueza racional era la contemplación de la divinidad.

La justicia del rey para Platón

Platón fue un filósofo comprometido con la sociedad de su época. Con la intención de mejorar la condición de vida de los ciudadanos de Atenas, creó un

---

[3] Michael SANDEL. *Justice: What is the Right Thing to Do?* Straus and Giroux: New York 2010, p. 99.

gran proyecto para establecer la justicia en la *polis*. Supo combinar su carácter altamente especulativo –idealista– con soluciones prácticas, aunque en realidad fue gracias a sus intentos políticos que sus obran han llegado hasta nosotros. En concreto, el fracaso de Platón como consejero del rey tirano Dionisio I, gobernante de la isla de Siracusa, le otorgó a nuestro filósofo el tiempo suficiente para escribir su gran tratado sobre la justicia: *La República*.

En el fondo, Platón pretendía que la virtud fuese vivida en primer lugar por quienes tienen mayor responsabilidad para el gobierno de la *polis*. La vida virtuosa da una capacidad especial para apreciar el bien y la verdad, de modo que la tarea del rey es la de cultivar su propia virtud, ayudando a los que le rodean a vivir igualmente una vida virtuosa. Los habitantes de Siracusa se maravillaban de que tantos jóvenes acudiesen a la corte del rey con instrumentos de medición y tablas para escribir las enseñanzas de Platón, abandonando en cambio otras costumbres, menos sanas, que eran habituales en la corte. Poco tiempo después de su llegada a Siracusa, los enemigos de Platón consiguieron convencer al rey Dionisio I de que el filósofo pretendía en realidad distraer a la corte y hundir Siracusa a favor de Atenas. El rey ordenó que Platón fuese vendido como esclavo. Gracias a que fue comprado por un amigo pudo volver como hombre libre a Atenas, donde fundó la Academia y tuvo como alumno a Aristóteles.

El entusiasmo de Platón por buscar el sistema de gobierno más justo nunca cesó. Sin embargo, afirmaba con resignación que existen momentos de la vida en que el estado de las cosas es tal, que lo único que es posible hacer es permanecer en silencio y rezar hasta que cambie el ánimo humano. Considerando esta reflexión, tan cercana a nuestro antiguo poema sánscrito, Platón pudo ver, ya cuando tenía sesenta años, que el estado de las cosas en ocasiones cambia solo cuando cambian las personas. El rey Dionisio II, que sucedió al anterior tirano de Siracusa, invitó nuevamente a Platón a su corte, esta vez asegurándole que las ideas del filósofo constituirían la línea de gobierno en su reino. Platón volvió a creer en la posibilidad que se le ofrecía de planear un mundo más justo y al final de su vida regresó a la corte real. No pasó mucho tiempo hasta que Dionisio II comenzó a desconfiar de un íntimo amigo de Platón, llamado Dion, y confiscó sus bienes. La situación fue tan tensa que el mismo filósofo cayó en desgracia ante los ojos del rey y tuvo que abandonar la isla con la pena de no haber podido hacer del rey un gran filósofo.

En su regreso a Atenas, Platón se encontró igualmente desilusionado con la situación política, de manera que nunca regresaría a la esfera pública. A pesar de que Sócrates afirmaba que los hombres buenos deberían aceptar responsabilidades públicas para evitar que la población fuese gobernada por quienes tienen poca virtud, Platón volvía a su conclusión original: hay momentos en que las circunstancias son tan poco favorables, que el único camino para un hombre sabio es callar y ofrecer oraciones por su bienestar y el de su propio país[4].

---

[4] Mary Ann GLENDON. *The Forum and the Tower: How Scholars and Politicians have Imagined the World from Plato to Eleanor Roosevelt*. Oxford University Press: Oxford 2011, p. 14.

El punto más importante de la teoría de Platón es que la legislación debe responder a una chispa divina existente en la razón humana: si la razón puede organizar la realidad social, es porque colabora en cierto sentido con el modo en que las cosas fueron creadas por Dios. La experiencia de Platón le llevó a unir la actividad de quien desea establecer la justicia tanto con la razón como con la fe. Esta unidad entre fe, razón y justicia se mantendrá durante siglos, otorgando como fruto una paz que pasaría de las enseñanzas de los griegos al imperio romano. La transmisión de la justicia permaneció asegurada, hasta que la falta de virtud de la élite condujo al pueblo de Roma a la corrupción y fracturó la seguridad de sus fronteras, abandonando el imperio de occidente a su triste destino en manos de los bárbaros.

Tanto Platón, como Aristóteles, aunque no coincidían en sus teorías políticas, sabían que la justicia debía descansar sobre la naturaleza humana, que es en definitiva su sustento y razón de ser. En cambio, cuando —como intentaremos subrayar más adelante— la justicia no encuentra un fundamento natural, porque se rechaza la ley natural o la antropología humana —negando la verdad sobre la creación y sobre el hombre—, entonces no hay un lugar sobre el cual asentar la ley y la única solución posible es imponerla de manera violenta sobre la sociedad. Bajo esta imposición legal, la moral no encuentra su lugar, se consigue una distinción impropia entre lo moral y lo legal, defendiendo únicamente la legislación, la cual se impone por la fuerza. Este es uno de los problemas más graves de nuestra civilización moderna. Pero precisamente por ser tan importante, es muy difícil, si no imposible, tratarlo aquí de manera completa. En todo caso, podemos observar que existen no pocos estudios muy bien logrados que explican las consecuencias que esta división entre fe y razón tienen en nuestro modo de pensar acerca de la justicia y del derecho[5]. A estas consideraciones dedicaremos las siguientes líneas, comenzando por la teoría de la justicia de santo Tomás y concluyendo con otras teorías de la justicia más recientes.

2. LA JUSTICIA ENTRE BIENES Y DERECHOS FUNDAMENTALES

Santo Tomás

Uno de los autores que con mayor atención han considerado el problema de la justicia y su relación con el modo de ser de las personas fue Tomás de Aquino, un teólogo del s. XIII. Entre sus enseñanzas, cuenta con un estudio sobre la virtud de la justicia como una parte de la vida moral del hombre, descrita con maestría en la Suma Teológica. Tomás de Aquino retoma la doctrina de Ulpiano y la tradición jurídica de Roma para afirmar que «la justicia es el hábito según el cual uno, con constante y perpetua voluntad, da a cada uno su derecho»[6]. Esta definición del *Digesto* de Ulpiano hunde sus raíces en las enseñanzas de Marco Tulio Cicerón, el gran cónsul de Roma de quien

---

[5] Cf. Javier HERVADA. *¿Qué es el derecho? La moderna respuesta del realismo jurídico. Una introducción al derecho*. Eunsa: Pamplona 2005.

[6] TOMÁS DE AQUINO. *Suma de Teología*, II-II, q.58, a.1. BAC: Madrid.

conservamos centenares de documentos jurídicos, suficientes para hacernos cargo de la complejidad del mecanismo jurídico del imperio. Para cuando aparece Cicerón en el horizonte de la historia, el sistema jurídico romano había sido desarrollado con gran precisión. Desde el año 106 a. C., en que nace nuestro famoso jurisconsulto, existía un sistema para equilibrar el poder de Roma que podríamos llamar republicano. Por una parte, la autoridad ejecutiva en la ciudad quedaba ejercida por dos cónsules que eran elegidos cada año; por otra parte, el pueblo estaba representado por una asamblea de tribunos que desde entonces exigían cada vez más poder. La contribución de Cicerón al orden jurídico del imperio fue tal, que no solo han llegado hasta nuestros días más de ochocientos de sus escritos para alcanzar la justicia en el imperio, sino que, además, en aquel delicado mundo de la política romana, Julio César llegaría a declarar que fue más importante el servicio que prestó el genio de Cicerón a Roma que la expansión del imperio realizada por César[7].

Tomás de Aquino, como era habitual en su método de trabajo, conocía el derecho romano y buscaba completar su pensamiento con otras fuentes. Este teólogo tomó como punto de referencia el pensamiento de Aristóteles también para tratar sobre la justicia. «El filósofo», como lo llama santo Tomás en la *Suma Teológica*, afirmaba que la justicia no consistía sino en conseguir el bien del hombre. Para Aristóteles el bien del hombre estaba conformado por el bien

---

[7] Mary Ann GLENDON. *The Forum and the Tower*. o. c., p. 25.

del cuerpo, que era la salud, y por el bien del alma, que era la justicia. Cuando una persona no podía valerse de salud por sí misma ni siquiera con la ayuda de su familia, entonces la *polis* tenía la obligación de ayudarle con un sistema de salud o, como diríamos hoy, con un sistema sanitario.

Del mismo modo, cuando una persona no podía por sí misma —y ni siquiera con la ayuda de su familia— alcanzar el bien del alma que es la justicia, entonces la *polis* tenía la obligación de ayudarle a alcanzar la justicia, con la ayuda del ejército y de las cárceles. En el pensamiento de santo Tomás la justicia ha de ser entendida como una virtud. Por tanto, no se trata sencillamente de conseguir que se viva de manera justa, sino que es más importante que se desee ser justos. Por el mismo motivo, «si alguien hace algo que es injusto no teniendo intención de hacer lo injusto, como cuando lo hace por ignorancia, entonces no realiza lo injusto propia y formalmente hablando, sino solo accidental y materialmente. Y tal operación no se denomina injusticia»[8]. Para este doctor la justicia se da como una relación entre personas donde se respeta lo que es de cada uno.

Los elementos de la definición son importantes. En primer lugar, se habla de una relación entre personas, por lo que no puede decirse que un perro tenga derechos, aunque la legislación moderna se exprese de ese modo. Josef Pieper explica divertido que, si hemos acostumbrado a nuestro perro a recibir una croqueta cada vez que hace una pirueta, eso no

---

[8] Tomás de Aquino. *Suma Teológica* II-II, q.59, a.2.

significa que el perro tenga derecho a una croqueta, incluso cuando haga dos piruetas. El perro no tiene derechos porque no es persona[9]. Afirmar que el perro no es una persona no nos da derecho a maltratar a los animales. Pero el derecho no está en el animal, sino en nosotros, que tenemos una relación personal con el creador del mundo por la cual no podemos destruir los seres creados. Los cristianos, por su relación con Dios, saben que no es justo maltratar a los seres creados. Este tipo de actos dañan al hombre, porque de alguna manera lo hacen injusto delante de Dios, ya que al abusar de los recursos naturales se altera el equilibrio que Dios quiso para la naturaleza. No tenemos derecho a destruir a los animales ni tampoco a dañar el medio ambiente, ya que si lo hacemos atentamos contra la justicia y caemos en una gran pobreza racional que se manifiesta tristemente en violencia y contaminación. Por ejemplo, si tan solo pudiésemos considerar la pobreza que significa que para el 2050 haya más plástico que peces en el mar, comparándolos por peso, nos daríamos cuenta de lo grave de este asunto.

Las relaciones humanas comportan la paz

Las enseñanzas de santo Tomás subrayan que existe una justa relación entre las personas que comporta la paz, pero además nos dicen que se trata de una relación entre personas que atiende a la realidad de

---

[9] Cf. Josef PIEPER. *Las virtudes fundamentales*. 3.ª ed. Rialp: Madrid 2010.

las cosas, y es aquí donde encontramos un punto fundamental de esta enseñanza. Cuando se dice que una persona tiene derecho a una vivienda digna o a un trabajo bien remunerado, no se afirma que se posee un derecho como algo propio y personal, intercambiable o que se puede de alguna manera comprar o dejar de lado, siguiendo el propio capricho. Los derechos personales son una manera para expresar algo más profundo. El derecho nace de la realidad de lo poseído. Cuando tenemos una casa entonces tenemos derecho a preservarla y a que ningún otro allane nuestra propiedad. El derecho nace de la posesión de la casa, sin tener la casa no tendríamos *derecho a que no la allanen*, puesto que esa casa no es nuestra. El derecho de propiedad pertenece a quien tiene la propiedad.

Puesto que hemos nacido en naciones donde las generaciones anteriores de ciudadanos han organizado un sistema de gobierno, una cierta infraestructura, una red de hospitales, etc., entonces nos encontramos teniendo ya una serie de bienes que, si bien no son privadamente nuestros, forman parte del bien común de la sociedad en que nacemos. Por esto sabemos que tenemos derecho a recibir una educación o atención médica en caso de emergencia. El derecho no nos otorga estos bienes humanos, sino que los bienes humanos nos otorgan el derecho. Un habitante de un país muy pobre puede afirmar que tiene derecho a atención médica, pero si en realidad no existe una infraestructura médica que pueda ayudarlo en caso de necesidad, no puede exigir su derecho ante nadie.

El modo en que hablamos de derechos nos da la posibilidad de afirmar que tenemos una serie de derechos, pero la realidad es que no existen esos derechos en todas las regiones del mundo. Es posible que no estemos habituados a considerarlo de este modo, ya que podemos estar seguros de tener derecho a un abogado que nos defienda en una causa, y nunca haber necesitado de un abogado en la vida. No obstante, el derecho expresa la existencia de un sistema legal de protección a los ciudadanos que fue establecido antes de nuestro nacimiento. Si este modo de concebir el derecho se entiende dentro de la organización de los hombres, entonces también es razonable, y podría serlo incluso más, si se atiende a las realidades naturales que tenemos en cuanto seres humanos. Hervada afirmará que hablar del derecho que comporta el descubrimiento de «nuestro ser personas humanas» es lo que constituye el derecho natural y, para este autor, «derecho natural es todo derecho que tiene el hombre en virtud de su naturaleza —de su condición de persona—, o sea, aquel conjunto de cosas suyas, de derechos, que el hombre tiene por sí mismo y no por concesión de los Parlamentos, de los Gobiernos o de la sociedad: su vida, su integridad física y moral, sus libertades naturales, etc.»[10].

El esfuerzo de nuestros antepasados por declarar nuestro derecho a la vida, a la salud, a profesar nuestra fe, etc. fue su contribución a superar nuestra pobreza racional, subrayando que antes de que se definiesen esos derechos poseíamos la vida, la salud, la fe, etc.

---

[10] Javier HERVADA. *¿Qué es el derecho?* o. c., p. 44.

Ningún ser humano nace totalmente desposeído y, por esta razón, los bienes humanos anteceden la declaración de los derechos, aunque sea más fácil para nosotros afirmar que tenemos derechos, incluso sin ver los bienes que son protegidos por esos derechos.

El derecho a la paz

Al inicio de este capítulo hablábamos de la paz que encuentra la persona en el silencio. Cada individuo comprende quién es y cuáles son las cosas que posee verdaderamente en la silenciosa meditación de su existencia. Allí descubre su verdad y, por tanto, puede también tomar conciencia de sus derechos. Si no se ha tenido ocasión de reflexionar atentamente, debido a la casi publicidad social de «nuestros derechos», una persona podría llegar a pensar que tiene derecho a la apreciación de los demás, al reconocimiento de su trabajo, a la alabanza de sus intenciones, etc. El problema de pensar antes en nuestros derechos que en los bienes que dan lugar a esos derechos es que nuestros derechos no parecen nunca plenamente satisfechos, y podría entonces suceder que la persona se encuentre herida y que, en definitiva, sufra. Este sufrimiento es una pobreza, fruto de la falta de conocimiento propio, o de ignorar la realidad de la propia vida y cuál es la fuente verdadera del derecho y de la justicia que colma esos derechos. Pero, además, la falta de silencio para meditar sobre la realidad de lo que somos imposibilita alcanzar esos bienes deseados como derechos. Solo el trabajo en equipo, el dejarse ayudar, el colaborar con los demás y el empeño personal conducen a ese esfuerzo que desemboca en la paz.

Sin ese esfuerzo, fruto de la consideración de la propia vida y de las propias fuerzas, es muy difícil alcanzar la paz. Entonces parece que en el mundo «no hay paz; hay solo apariencia de paz, equilibrio de miedo, compromisos precarios (...). No hay paz en muchos corazones, que intentan vanamente compensar la intranquilidad del alma con el ajetreo continuo, con la pequeña satisfacción de bienes que no sacian, porque dejan siempre el amargo regusto de la tristeza»[11]. Dentro de la teoría de la justicia de santo Tomás parece que se tendrá como fruto la paz cuando se agote el acto del derecho, cuando se dé a cada uno lo suyo, lo cual exige que cada uno sepa también qué es lo que le corresponde.

Como acabamos de decir, el estudio de la justicia en santo Tomás atiende a la persona, a su deseo por obrar la justicia como acto del derecho. Esto significa que, en su esfuerzo intelectual, el Aquinate no tiene como centro de atención las cosas en sí mismas, sino el obrar humano. Una persona podría obrar una injusticia por error o por defecto y no ser una persona injusta; además, las injusticias siempre duelen al justo mientras que, por el contrario, el injusto se goza en su injusticia. Por razones de espacio no podemos adentrarnos en cada una de las consideraciones que llevan a Tomás de Aquino a elaborar muchas sabias distinciones. Pero hay algunas que son muy importantes,

---

[11] S. Josemaría Escrivá. *Es Cristo que pasa.* n. 75. Disponible en www.escrivaworks.org

como la que elabora entre la justicia que tiene lugar entre personas y la justicia que se da entre el Estado y los ciudadanos. La primera es una justicia conmutativa, la segunda es una justicia distributiva. Cuando aborda los diferentes actores que ponen en marcha la maquinaria de la justicia, estudia el modo de vivir la justicia del reo, del juez, de los implicados en el acto de la justicia, etc. Pensamos que en todo caso su estudio pone de relieve que lo importante es siempre la persona y no la expresión del derecho, ya que esta expresión depende siempre de la realidad. Tal vez un ejemplo pueda facilitar la comprensión de este punto tan central en las enseñanzas de nuestro teólogo.

Hace algunos años, los directivos de una prisión localizada entre Santa Cruz y Santiago –dos ciudades de Chile– se dieron cuenta de que la gestión realizada hasta entonces por parte de los directivos de la prisión no era ideal. En muchas ocasiones los presos tenían que esperar largo rato a que la comida estuviese preparada y, mientras tanto, se dedicaban a conversar. En otras ocasiones, la organización del trabajo de los presos no era perfecta, de manera que pasaban el tiempo esperando que se les entregara el instrumental necesario para poder trabajar. Los directivos decidieron entonces confiar la gestión de la prisión a una empresa privada muy eficaz.

El resultado fue muy positivo, si se juzgan las cosas desde el punto de vista de la eficacia organizacional de la prisión. El comedor se abría puntualmente y la comida estaba preparada de manera que no había tiempos muertos y tampoco se demoraban excesivamente en consumir sus alimentos; además, se sabía que cada semana el menú estaba fijo y era nutricionalmente balanceado. Sin embargo, a los pocos meses muchos prisioneros comenzaron a mostrar signos de desesperación y algunos, incluso, de depresión. Uno de ellos terminaría suicidándose. La razón es que el cambio de gestión de la prisión había quitado a los presos ocasiones para encontrarse y conversar, pero además no tenían la esperanza de que algún día fuera diferente al anterior, de que alguna vez algo cambiara una semana: nada de esto podía suceder porque todo había sido planeado perfectamente de la mejor manera posible.

Sin encuentros humanos, fruto de los tiempos muertos que provocaba la organización anterior y sin imprevistos en la cocina y en el modo de trabajar, los presos habían perdido esperanza en vivir una vida llena de relaciones humanas. Parece interesante considerar que las reglas que gobiernan una sociedad no pueden ser pensadas en función de la eficacia operacional de la ciudad o del país, no basta con buscar mayor riqueza, más educación, mejores servicios o infraestructura, más puntualidad y mejor nutrición. Todos estos elementos son muy importantes, pero si no se toma en cuenta la persona en su conjunto puede crearse un sistema que quite esperanza a los ciudadanos o pueden generarse grupos que actúan fuera de la legislación porque la consideran imposible o demasiado opresora. En cualquier caso, quien tiene la responsabilidad para custodiar y acrecentar el bien común debe pensar ante todo en los ciudadanos. Lo habíamos señalado antes, junto con los profesores Banerjee y Duflo, cuando considerábamos que no es posible sacar de la pobreza material a los pobres sin antes saber cuáles son sus necesidades reales. Podríamos descubrirlo una vez más ahora, observando que no es posible legislar sin considerar a las personas que se desea ayudar, ni hacerlo ignorando el designio del Creador o la verdad sobre el hombre, porque esto no siempre llevará a ayudar a quienes se desean ayudar, sino que, como en el caso de la prisión en Chile, puede llevar a empeorar la condición de los ciudadanos.

3. Otras teorías de la justicia

En este último apartado querríamos subrayar que algún tipo de pensamiento filosófico lleva a una separación entre razón y fe, para en un segundo momento despojarnos también de la razón y dejar toda la justicia en manos de la experiencia y del sentimiento. Rogamos paciencia para seguir paso a paso por este camino de reflexión. La idea de fondo es que estas distinciones impropias terminarán por empobrecer el alma humana, que no capta adecuadamente la realidad sin su razón y sin su fe, por muy intensos que sean los sentimientos de lo que se percibe como pobre o injusto.

La justicia como concepto

La riqueza racional de los pueblos ha sido pacientemente codificada y redactada como máximas legales o como experiencias morales. El lenguaje, las palabras, dicen esta riqueza racional a las nuevas generaciones.

Es por esto que algunos modos de decir como «no hagas a los demás lo que no quieres que te hagan» o «no hagas cosas buenas que parezcan malas», son generalmente aceptadas en la sociedad: a condición de definir en términos precisos el bien y el mal a que estas expresiones atienden. El lenguaje constituiría una gran revolución en la historia de las ideas sobre la riqueza racional de los pueblos entendida como justicia, educación, orden racional, etc.

En primer lugar, parte de esta evolución fue motivada por el avance de la filosofía, en particular con las reflexiones de los nominalistas que afirmaban que conocemos las palabras y los pensamientos a los que se refieren las palabras, pero en el fondo no llegamos a comprender la realidad. Este tipo de teorías, bajo el influjo de la reforma protestante, llevarán a una separación entre la razón y la fe: una de las ideas centrales de Martín Lutero según la cual la justificación es un don completamente gratuito por parte de Dios que no necesita la cooperación humana. La Iglesia había siempre enseñado, a diferencia de Lutero, que la salvación es un don de Dios, porque como decía san Agustín: «Dios, que te ha creado sin ti, no te salvará sin ti»[12].

En segundo lugar, el itinerario en el pensamiento de muchos autores de esta época lleva no solo a distinguir, sino a separar lenguaje y realidad. No siempre nos referimos a la realidad con un lenguaje adecuado y, sin embargo, con un lenguaje equívoco

---

[12] Cf. SAN AGUSTÍN. *Las Confesiones*. Libro X. Disponible en www.augustinus.it

podemos afirmar cosas verdaderas acerca de la realidad: todos saben lo que es «el ojo del huracán», aunque nada tenga que ver con los ojos de los animales. Este modo de pensar llevará a la elaboración del pensamiento más allá de lo observable, a trabajar con cada concepto como si fuese una fórmula matemática y, en definitiva, a una gran confusión sobre el verdadero significado de la justicia. Estas ideas nominalistas, enseñadas entonces para pequeños grupos de religiosos en algunos conventos, constituyeron una gran revolución en la historia de las ideas. Este movimiento dio un gran impulso a un pensamiento conceptual que no necesitaba tomar en cuenta la realidad de las cosas.

Así, por ejemplo, el beato Duns Scoto consideraba que cuando observamos una escultura lo que percibimos con los sentidos es el color del mármol. En un segundo momento podíamos abstraer —en el sentido de tomar— del mármol la forma de una persona y ponerla dentro de nuestro pensamiento para finalmente considerar: «Es Marco Aurelio». Santo Tomás de Aquino pensaba que el intelecto no "toma" la realidad para ponerla en el pensamiento, sino que "entra" en la realidad y distingue en ella lo que es. Santo Tomás afirmaba, por tanto, que conocemos la realidad, y el conocimiento es una relación real con lo que existe. Por el contrario, Scoto enseñaba que, en realidad, conocemos nuestros pensamientos de manera que el conocimiento es una relación virtual, pero no real con lo que existe.

Al hablar de relación virtual, se refiere a una capacidad del pensamiento, como si afirmamos que alguien «virtualmente» puede ir en bicicleta a pesar de llevar muchos años sin montar en bicicleta, porque lo aprendido no se olvida. Igualmente, para Scoto el pensamiento está cargado de una realidad que no posee, sino que se tenía antes de que la realidad fuese pensada. Este modo de comprender el pensamiento humano lleva a separar los conceptos y el lenguaje de la realidad; orientando la razón humana a seguir la lógica del lenguaje, de un lenguaje que es como una fórmula matemática y que puede comprender plenamente, con el riesgo de abandonar paulatinamente el interés por la realidad, una realidad que es difícil de codificar y de interpretar de la misma manera por todos[13].

Nuestra introducción al problema que plantea la separación entre fe y razón para alcanzar la justicia y la paz podría parecer teórica, pero pensamos que es fundamental, ya que sin atender al gran cambio intelectual que significó el racionalismo no es posible entender la fuerza del pensamiento protestante. Martín Lutero (1483-1546) negaba todo papel a la razón en el camino de la salvación, pues creía que era como si el hombre desease alzarse a la altura de Dios para exigir el mérito del propio comportamiento. La fe debía quedar definitivamente separada de las obras; de lo contrario, Lutero pensaba que Dios quedaría sometido al obrar humano. La Sagrada Escritura, en la carta de Santiago, afirma todo lo contrario: «¿De qué sirve, hermanos míos, que uno diga tener fe, si no tiene obras? ¿Acaso la fe podrá salvarle? Si un hermano

---

[13] Cf. André DE MURALT, André. 2010. *Aristote. Les Métaphysiques.* París: les Belles lettres.

o una hermana están desnudos y carecen del sustento cotidiano, y alguno de vosotros les dice: Id en paz, calentaos y saciaos, pero no le dais lo necesario para el cuerpo, ¿de qué sirve? Así también la fe, si no va acompañada de obras, está realmente muerta» (St 2, 14-17). El pensamiento protestante, al separar la fe y las obras, terminará por separar la contemplación de la acción, lo necesario para la salvación de la moral cotidiana. El intelecto humano se debatirá ardientemente sobre los problemas del hombre, sin intentar solucionarlos.

Nicolás Maquiavelo y el príncipe

Durante siglos la legislación y la cultura de una sociedad constituyeron los pilares sobre los que se fundaba el orden social. Una cultura probada por la experiencia de numerosas generaciones se convertía en una tradición y en un modo de vivir. Una legislación, fruto de prueba y error en los intercambios humanos, no solo no se oponía ni ignoraba la cultura local, sino que era su complemento armónico. Por utilizar una metáfora, podríamos observar que lo mismo sucede en la creación artística: el espacio de la tela indica la medida de la ley, pero la forma que adquiere el material pictórico depende de la creatividad del genio humano. El espacio es la medida mínima del orden (la ley), mientras que el contenido es expresión del ser del hombre (la cultura).

En el s. XV surge una mente brillante en la historia del pensamiento sobre la justicia que fijará un nuevo paradigma de oposición en la relación entre cultura y legislación, que no se superará jamás del todo. Se trata de un hombre que gracias a su cuna ilustre accede a una importante educación como diplomático, pero dada la falta de riqueza de su familia, se ve obligado a someterse a los encargos de la corte desde muy temprana edad. Nicolás Maquiavelo (1469-1527) sirve a la república de Florencia y conoce a los cortesanos del Emperador del Sacro Imperio Romano Germánico, Maximiliano I; acude a la corte del rey de Francia, Francisco I, y conoce a los servidores del papa Alejandro VI, el pontífice Borgia, así como a la magnífica Condesa de Forlì, Caterina Sforza. De entre toda la nobleza que encuentra a lo largo de su carrera, Maquiavelo quedará cautivado sobre todo por un personaje: el imponente Cesare Borgia, príncipe en los Estados Pontificios que terminará sus días sirviendo al rey de Navarra con solo treinta y tres años. En opinión de Maquiavelo, Cesare Borgia tenía todas las características de un buen gobernante: ambición, poder y una fuerza de voluntad inigualable, al punto que con su obrar demostraba que «no era posible atender a la verdad de las palabras de un príncipe, sobre todo si estaba tan acostumbrado a mentir como era el caso del duque de Borgia». Nicolás Maquiavelo perdió su puesto en el gobierno de Florencia precisamente porque, en su opinión, el Gonfaloniero –gobernador de Florencia– no tuvo la astucia suficiente que necesitaría cualquier príncipe digno de ese nombre.

Esta idea central del pensamiento de Maquiavelo, junto al gran fracaso político de su vida, le impulsó a escribir su conocida obra, *El príncipe*, donde establece una clara separación entre el gobierno de la sociedad (el arte de la política) y la moral personal. Se creaba de esta manera una división entre la moral de quien gobierna y sus actos de gobierno, abriendo el camino para que más tarde Max Weber pudiese afirmar que es posible distinguir una moral de la necesidad (propia del agente político) de una moral de la persona (común a todos los ciudadanos). Maquiavelo llevaría la idea de la justicia nuevamente hacia una posición similar a la de Séneca y Varrón, donde la verdad no debería ser entregada al pueblo si no era necesario, pero con una diferencia fundamental. Ahora la razón no estaba diseñada para garantizar la unidad del imperio, como anhelaban los jurisconsultos romanos, y mucho menos para poner por obra una vida buena como afirmarían Aristóteles y santo Tomás. La razón servía únicamente para mantener el poder, al precio que fuese necesario.

Más tarde, Thomas Hobbes quedaría fascinado con esta idea de Maquiavelo, y llegó a afirmar que la razón es el pretexto del hombre para cumplir con su propia voluntad, un instrumento de la propia conquista, un impulso para actuar con mayor decisión. A partir de este momento, ante la justicia, no quedaba fuera de juego solamente la fe −como consecuencia de las enseñanzas de Lutero−, sino también la razón, porque quien gobierna no habría de atender sino a aquello que le permitiese conservar el poder. Para mantenerse sobre el terreno del poder y de la fuerza, a Maquiavelo no le parecía necesario conservar la verdad. La justicia debería ser fruto de la voluntad de quien gobierna, de su imperio y potestad sobre el pueblo; en definitiva, la justicia quedaba como una imposición de la fuerza del príncipe, que había de imponerla con el peso de la ley, convirtiéndose en violencia y, en definitiva, en solo una apariencia de justicia.

El modelo de Thomas Hobbes

Despojados de la fe y de la razón, los habitantes de Europa comenzarían a buscar una fuente de justicia, un modo de mantener su convivencia social. Era ciertamente muy importante vivir bien, pero era mucho más fundamental vivir juntos, de modo que la única solución era dirigirse a la experiencia, a la descripción del buen vivir. La paz ya no era el fruto maduro de la experiencia del ser humano que se sabe amado por Dios y creado para la felicidad. La paz no podía tampoco nacer de la consideración de la propia vida como un servicio a los demás, a la propia familia y a la comunidad. La paz era más bien como una experiencia personal, casi una sensación, un modo de vivir que procuraba el bienestar y que llevaba a evitar el sufrimiento. La búsqueda de la paz no se daba sencillamente por un hedonismo que persigue todo placer y evita todo dolor. Era más bien una paz intelectual que permitía, por el relato de la historia del propio pueblo y de la propia condición, encontrar una razón para continuar con el camino de la vida.

Podríamos observar que entre los autores que perciben con gran atención esta separación entre la fe y la razón, entre la razón y la experiencia, está Thomas Hobbes (1588-1679). Hobbes sugiere con entusiasmo que la fe habla de una creación divina y, por tanto, de la existencia de una ley natural inscrita en la creación por su autor divino. La razón, por el contrario, demuestra la realidad del obrar humano que no parece ser naturalmente bueno, sino que procura siempre colocarse por encima de los demás, para en cierto sentido dominarlos, al punto que la convivencia social se manifiesta como una lucha constante. Hobbes elaboró su comprensión del hombre después de frecuentar asiduamente la aristocracia de su época y descubrió en aquellos individuos a muchas personas llenas de suficiencia y de afán de superar a los demás, lo que le llevó a pensar tristemente que el hombre era un lobo para el hombre: «*homo homini lupus*». En el pensamiento de nuestro autor, la sociedad se le manifestaba como una pasarela donde reina el miedo por no perder la propia reputación y por no ser rechazados por los demás.

Tendríamos que decir a Hobbes que este modo de comprender al ser humano deja de lado muchas dimensiones de la realidad humana, ya que, a pesar de nuestros defectos, los seres humanos percibimos de manera natural una cierta atracción hacia el bien y la verdad. Seguro de su propia teoría, Hobbes se dio a la tarea de elaborar un sistema de normas que le permitiesen alcanzar la paz en una sociedad de esos hombres que él comprendía como lobos. Llegó a una conclusión un poco paradójica: a pesar de que todo su proyecto filosófico estaba basado en la razón, terminaría por afirmar que no es la verdad ni la razón lo que garantiza la ley, sino solamente la autoridad: «*auctoritas non veritas legem facit*»[14]. El modo de razonar de Hobbes subraya la intuición

---

[14] Martin RHONHEIMER. *La filosofia politica di Thomas Hobbes*. Armando: Roma 2000, p. 214.

que desde el principio nos ha guiado, y es que la paz no se alcanza mediante la violencia, ni tampoco por la imposición de la autoridad. La paz se logra mediante la comprensión de la verdad y, si bien es cierto que una persona aislada no puede alcanzar la paz, la sociedad tampoco puede alcanzar la paz si no es pasando por el corazón humano, el silencio y la contemplación en silencio de su propia vida.

Hobbes no elabora sencillamente una teoría para organizar la sociedad de manera que el individuo no termine por autodestruirse. Hobbes realiza algo mucho más importante, y es que terminará por oponer la voluntad a la razón. Se da cuenta de que el hombre muchas veces desea cosas irracionales y que en muchas ocasiones actúa movido por la voluntad y no por la razón. Para este autor, por tanto, la clave para gobernar al hombre es apostar por la voluntad, ya que lo que nos mueve a obrar no son nuestros razonamientos, sino nuestros deseos. El obrar que nos permite alcanzar la riqueza de la propia personalidad no está, en opinión de Hobbes, en la razón, sino en la voluntad. Para Hobbes, la inteligencia humana no sirve para regular las pasiones, como pensaban en cambio los teólogos y los filósofos clásicos, sino que la inteligencia actúa como un espía que lleva a encontrar los caminos más eficaces para satisfacer las propias pasiones. Para Hobbes no existía, a diferencia de lo que afirmaban los filósofos que le precedieron, un bien último en el hombre, sino solo un constante deseo por dominar y poseer lo que pertenece a los demás[15].

---

[15] Mary Ann GLENDON. *The Forum and the Tower*. o. c., p. 88.

Hemos cerrado el círculo que habíamos iniciado al inicio del capítulo. La historia de las ideas de quienes procuraban la paz para ellos mismos y para los demás comienza a partir de la fe, de la comprensión de una paz cultivada gracias a la ayuda de la divinidad. En un segundo momento se abandona la intervención divina y se confía casi exclusivamente en el poder organizador de la razón humana que llevó a muchos filósofos a pensar que la sociedad podía ser cultivada por un grupo de hombres bien instruidos. Estos filósofos, o quienes postulaban el racionalismo social, terminarían por oponer la cultura a la naturaleza, ya que la naturaleza era una realidad creada, que tenía su origen en Dios y, por tanto, exigía un pensamiento teológico que quedaba rechazado. En cambio, la cultura era obra de la razón humana, de modo que el hombre se definía por su cultura que quedaba fijada con una medida humana y era comprensible y controlable por cada individuo. A partir de Hobbes —y de los filósofos que le seguirán y que, a pesar de su importancia, no tenemos tiempo de tratar con mayor detalle, como John Locke, Saint-Simon y, más recientemente, John Stuart Mill y John Rawls— se pensará en la voluntad y no en la razón como el motor del obrar humano, así que ya no es la fe ni la razón lo que gobierna nuestros destinos sino sencillamente el deseo, la experiencia, la descripción de sensaciones y de eventos, etc.

Las teorías sociales de estos últimos autores dan lugar a un racionalismo social donde el obrar humano queda planeado en virtud de esos deseos y sentimientos morales. La posibilidad racional de organizarlo todo, por tanto, queda fijada no en la naturaleza humana, sino en la comprensión de su libre voluntad. El resultado, como sabemos, fue la creación y origen de los contratos sociales, donde sin atender en todos los casos a la naturaleza humana, se consideraban los deseos a veces opuestos de los ciudadanos y se procuraba mediar entre unos y otros para evitar el conflicto que supone, por ejemplo, dar derechos de fumar a los fumadores y prohibir que se fume en presencia de los no fumadores. El resultado es que en muchas ocasiones los pareceres opuestos son mediados, pero no satisfechos. El lenguaje del contrato social no tiene su origen en la teología y, por tanto, mientras la tradición jurídica del sur de Europa se basa en el derecho romano y en santo Tomás, la tradición jurídica anglosajona sigue las teorías del contrato social de Thomas Hobbes y de John Locke. A pesar de que ambas corrientes de pensamiento —del sur y norte de Europa— hablarán de los derechos fundamentales del hombre, no coincidirán. A la base están, por un lado, la fe y, por otro lado, encontramos en el mejor de los casos la razón, y en algunos postulados más radicales, sobre todo la voluntad. No obstante, los autores coinciden en indicar que la falta de paz en el corazón del hombre es una pobreza racional que nace de la falta de conocimiento propio y de un silencio capaz de «centrarnos» ante Dios y ante los demás. La pobreza racional se ha originado, por una parte, porque no es posible alcanzar una justicia perfecta en esta tierra. Por otra, porque a pesar de que los seres humanos buscan su bien, esta búsqueda puede ser imperfecta al punto que lo único que parece frenar el deseo de poseer de cada individuo es el deseo de otros individuos en la sociedad en que vivimos.

En conclusión, podríamos observar con nuestro antiguo sabio que la paz no se alcanza por elaborar las mejores leyes posibles, sino que es necesario cultivar la paz en el silencio de la propia vida. El conflicto que genera la falta de paz entre los ciudadanos surge sobre todo si la satisfacción humana se basa únicamente, o sobre todo, en la posesión de bienes materiales y en el cumplimiento de los derechos de poseer que nacen de esos bienes. La paz entre los pueblos exige, como reza nuestro poema, un silencio personal. Pensamos que esto podría traducirse como una sobriedad de vida, donde no se hace ruido de los propios bienes materiales ni de los propios talentos racionales, sino que todo se pone al servicio de Dios y de los demás. Por el contrario, en una sociedad dirigida por la constante instigación al deseo de bienes en las personas, a través del deseo de ser aceptados por los demás, es una sociedad donde difícilmente hay paz porque no se alcanza una plena satisfacción personal. Esta situación constituye una miseria, donde existe siempre una tensión en los ciudadanos, que ya los antiguos habían adivinado, dibujando una salida: la contemplación del estado de la propia alma y de las estrellas.

V.

Na baya giaasti giaagartaha
SI ERES CUIDADOSO,
NO TENDRÁS MIEDO

La ACTITUD DE QUIEN SE MUEVE con cuidado en su propia vida y, especialmente, en sus relaciones con los demás era descrita por la filosofía griega como la prudencia. Esta virtud lleva al individuo a obrar de manera excelente porque le permite elegir el bien como su propio fin. Los antiguos filósofos reconocían en la prudencia la guía de las demás virtudes, llamándola *«auriga virtutum»* porque permitía orientar las diferentes acciones de acuerdo con la verdad y el bien.

La prudencia se desdobla en el pensamiento de santo Tomás, considerando por una parte el bien objetivo: el alimento o la familia, por ejemplo, son bienes de muy distinta entidad, pero igualmente bienes humanos[1]. Los bienes que seguimos de manera natural no siempre son bienes para todos ni lo son sin medida. El alimento, por ejemplo, es un bien ordenado a la vida, a la salud espiritual etc., pero además

---

[1] Josef Pieper. *Las virtudes fundamentales.* o.c., p. 27.

parece natural afirmar que no todo el alimento es bueno para todos. Del mismo modo, el alimento que es bueno para nosotros, no lo es en cualquier cantidad, sino que conviene atender a nuestro peso y constitución física para entonces aceptar y acoger el bien concreto que necesitamos.

Existen otros bienes humanos que son más difíciles de colocar en su punto medio. Por ejemplo, la audacia y la prudencia son puntos virtuosos entre el miedo y una actitud temeraria. El miedo es un sentimiento que nace del descontrol, mientras que actuar sin pensar en lo que hacemos sería propio de alguien temerario. Cuando el ser humano es incapaz de medir la realidad, o no puede prever las consecuencias de sus propios actos, se llena de miedo, pues se descubre desamparado ante un posible mal futuro. El sentimiento del miedo no desaparece cuando se conocen todos los detalles del futuro próximo, ya que conocer cada detalle de un problema puede multiplicar el miedo.

El ser humano descubre y encaja el miedo natural que puede experimentar en su vida, gracias a la consideración de haber alcanzado una estabilidad: comprendiendo el sentido del propio vivir, una cierta estabilidad emocional y afectiva en la propia familia, en sus amistades o en las relaciones humanas que forman parte de ese sentido de la propia existencia. La prudencia, como decían los griegos, o el «moverse con cuidado» de que nos habla nuestro poema sánscrito, debe llevarnos a concretar un camino a través de nuestras pobrezas, para enriquecerlas y enriquecer a los demás con nuestro obrar. Dedicaremos los siguientes apartados a dibujar este camino de la riqueza de carácter o riqueza del obrar y lo haremos inspirándonos en relatos de quienes actúan sin miedo ante las diferentes pobrezas.

1. Superar la pobreza material

Hemos definido la pobreza material como la escasez de los bienes materiales necesarios para el bienestar: agua, electricidad e infraestructura energética, conectividad y acceso a la sociedad en general, etc. Cada uno de nosotros difícilmente podrá resolver todos estos problemas, y tal vez ni siquiera uno de ellos de manera suficiente. No obstante, son muchos los ejemplos de quienes saben que ante la pobreza material no podemos caer en una actitud de indiferencia y que cada persona puede hacer algo.

William Townsend dirige una empresa internacional llamada Blue Source, es mormón y vive en Salt Lake City, en el estado de Utah (Estados Unidos). Entre los muchos proyectos que desarrolla tiene una preocupación por los cientos de millones de personas que cocinan sus alimentos en el suelo, con la ayuda de una fogata. Para resolver este problema, al menos en la medida de lo posible, ha creado en Kenya un sistema de fabricación y transporte de pequeñas estufas que permite a las familias cocinar con mayor dignidad y contaminar menos. La experiencia le ha enseñado que para que cada familia pudiese conservar mejor la propia estufa, era necesario que la señora de la casa eligiese su color. Esta posibilidad de elección permitía a la familia hacer propia la estufa, sentirla no ya como algo que habían recibido, sino como algo adquirido: una adquisición no económica, sino electiva. Además, Blue Source no las regala, sino que exige a las familias pagar una parte y el resto lo cubre gracias a las aportaciones de empresas interesadas en reducir la contaminación a nivel global.

Este proyecto tiene la virtud de unir el interés por reducir la contaminación –que es un tipo de pobreza importante– con la dignidad de las familias, que es otro tipo de pobreza que, en este caso, nace de la pobreza material. Hasta la fecha, el proyecto ha ayudado a casi trescientas mil personas, que han podido ganar en dignidad al cocinar sus alimentos, además de ahorrar tiempo en la elaboración de su comida. Finalmente, con este sistema se preserva el medio ambiente, puesto que se necesita mucha menos leña para cocinar. En total, Bill declara que ha ahorrado 6,2 millones de horas de trabajo y 3,2 millones de dólares en madera. Cambiar la vida de una familia a través del modo en que preparan cada día sus alimentos le llevó a este empresario a solucionar en parte el problema de la pobreza, dando lugar al mismo tiempo a transacciones y adquisiciones no económicas, sino familiares y solidarias, fruto de una elección personal.

Scott Hillstrom es uno de los fundadores de The Health Store Foundation, una organización promovida por un grupo de empresarios protestantes en los Estados Unidos que buscan ofrecer medicinas de calidad para personas sin recursos. La creación de una pequeña cadena de farmacias en algunos países de África occidental les ha permitido elegir medicamentos con altos estándares para vender a la población.

De acuerdo con la Organización Mundial de la Salud, en el año 2002 más del 70 por ciento de los medicamentos que se vendían en Nigeria y Congo eran inaceptables por su calidad. Además, la mitad de los medicamentos que se vendían a la población más pobre en Kenya carecían de propiedades curativas. Con el paso del tiempo, las farmacias se convirtieron en clínicas y las CFW clinics –por sus iniciales en inglés: Child and Family Wellness Clinics– atienden a más de medio millón de personas en África. El ochenta por ciento de las clínicas se financian gracias a un sistema de microcrédito. Quien está familiarizado con estos proyectos de microcréditos sabe que se presta a una persona sin garantías materiales, pero con la garantía de que una vez cubierta su deuda, entonces se prestará a otro miembro de su familia o comunidad. La presión que tiene la persona para pagar está en el hecho de que no se prestará a otra del mismo grupo si ella no paga. El sistema de microcrédito hace rentable la operación de las clínicas que funcionan también como franquicias; es decir, otras personas que desean invertir pueden adquirir estas clínicas y mantener la marca. Lo esencial es evitar que se vendan medicamentos de baja calidad a las personas que más lo necesitan.

El sistema de microcréditos fue creado por el premio Nobel de economía Mohammad Yunus, que estableció un modelo que actualmente opera en todo el mundo. El profesor Yunus fundó en Bangladesh el Grameen Bank, que es la más clara aplicación de su teoría y la primera institución que pudo poner en marcha. Actualmente este banco ayuda a siete millones y medio de personas, con préstamos que alcanzan de manera global los 24 mil millones de dólares. Lo más increíble del éxito de este banco es que presta sobre todo a quienes más lo necesitan, ya que, cuanto menores sean las posibilidades de obtener un crédito en una institución financiera estándar, más posibilidades se tendrán de recibir uno del Grameen Bank. Las personas que reciben un préstamo de este banco no firman ningún documento legal, ya que esta entidad no tiene interés en llevar a ninguno de sus acreedores ante un tribunal. Por este motivo, el Grameen Bank no es un banco comercial, ya que su único interés es superar la pobreza.

Los dueños reciben dividendos, pero no ven necesario que haya nuevos inversores en el proyecto. El banco de microcréditos ofrece servicios de crédito, fondos de pensiones y ahorros, así como seguros de préstamos. En su operación, lo único que cuenta es la confianza, puesto que saben que un cliente podrá pagar si tiene un plan para hacerlo y pagará si sabe que de su cumplimiento dependen las oportunidades de otras personas de su propia familia o comunidad[2]. Tal vez podríamos observar que el mérito de Hillstrom y Yunus está en que más que buscar distribuir bienes materiales, se dieron a la tarea de comprender la naturaleza humana para crear sistemas farmacéuticos y bancarios alternativos para solucionar la pobreza.

En Santiago de Chile, Baltazar Sánchez dirige una empresa que produce cristal. Como parte de su

_____

[2] Cf. Muhammad YUNUS. *Creating a World Without Poverty: Social Business and the Future of Capitalism*. Public Affairs: New York 2009.

responsabilidad social corporativa esta industria se había dado a la tarea de sostener una clínica que ayuda a la recuperación de niños que sufrieron algún tipo de quemadura. En ciertas zonas de ese país, se utilizan chimeneas para obtener calefacción local y, lamentablemente, con mucha frecuencia se producen accidentes. El número de víctimas del fuego aumentaba y la industria del cristal no conseguía hacer frente a los gastos de la clínica, a tal punto que pensaron abandonar esa obra social. La ocasión para hacer un cambio importante se dio cuando la prensa puso su atención en uno de los pacientes de la clínica. Se trataba de un niño que había sufrido quemaduras casi en el setenta por ciento del cuerpo. Fue en ese momento cuando los directivos de la empresa de cristal tuvieron la idea de solicitar a la población su ayuda de manera muy concreta: cada botella de cristal vacía que llevasen a un punto de reciclaje sería una ayuda para los niños internados en la clínica. De hecho, desde hacía algunos años la empresa había establecido puntos donde recoger las botellas vacías para reciclarlas, pero al no existir una cultura del reciclaje, entonces era muy difícil concienciar a la población. El accidente del niño dio mucha publicidad a la clínica y entonces fue relativamente sencillo echar a andar una campaña de reciclaje: cada botella reciclada era un poco de vida para ese niño. El resultado fue muy positivo ya que muchas personas se identificaron con la causa de ayudar a la clínica de menores y por tanto llevaron sus botellas vacías a los puntos de reciclaje. Además, la empresa con los recursos que obtuvo por la recuperación del cristal reciclado pudo sostener la clínica de manera más consistente. Y, finalmente, se creó una mayor conciencia en la sociedad sobre la importancia que tiene reciclar los materiales reutilizables. Un proyecto a trescientos sesenta grados que permite sostener económicamente un proyecto social urgente, con el añadido importante de echar a andar un cambio cultural tan necesario como la cultura del reciclaje. Uno de los principales desafíos para quien desea superar la pobreza es dar con proyectos de este tipo que mantengan los tres pilares del desarrollo en el largo plazo: sostenibilidad económica, una clara finalidad social y un compromiso por cuidar de los recursos naturales.

Como hemos dicho antes, los ejemplos pueden multiplicarse y podríamos seguir descubriendo personas que enriquecen con su obrar su propio entorno. Entre muchos otros, nos viene natural relatar el éxito del proyecto de Kim Tan, que dirige un fondo de inversión con interés en proyectos sociales. Desde hace años Kim deseaba ayudar algunos de los países de África con organizaciones de caridad. Gracias a su natural capacidad de hacer amigos consiguió una cantidad considerable de inversores y contribuía a mejorar la sociedad a fondo perdido, hasta que se dio cuenta de que necesitaba un método más estable que pudiese permanecer en el largo plazo, también cuando él ya no pudiera implicarse personalmente. La idea que tuvo, al visitar uno de los países de África oriental, fue la de crear un hotel. Adquirió un terreno amplio en una zona libre de malaria y consiguió los recursos suficientes para construir un complejo de gran calidad, que pudiese atraer turistas del extranjero. Todas las personas que trabajan provienen de la región donde fue construido el hotel, de manera que saben que es fuente de ingresos para la comunidad y, por tanto, lo protegen: no hay invasiones ni saqueos, pues forma parte de algo que les es propio.

Una vez más, la población local hizo una adquisición no económica, sino identitaria y cultural. No fue fácil, como explica el mismo Kim, entrenar a todos los empleados para mantener el estándar de calidad que exige un hotel de gran clase, pero con paciencia y dedicación terminó por ser un gran éxito. Las utilidades generadas por el hotel se invierten en proyectos agrícolas locales, de manera que la población observa de manera muy concreta el gran beneficio que este proyecto tiene para la mejora de su economía, de sus vidas y de sus recursos naturales. Kim ha creado cinco hoteles como este en África y ahora no pide a sus amigos que inviertan en obras de caridad: si desean ayudar a mejorar esta región del mundo, basta con pasar unas buenas vacaciones[3].

A la base de todas estas iniciativas podríamos observar, por una parte, un sincero deseo de superar la pobreza material unido a una mentalidad profesional que lleva a crear dinámicas de desarrollo. Estas dinámicas se concretan en la creación de empresas donde se incluye a las personas que se desea acompañar en el camino del desarrollo. No se trata sencillamente de dar algo, sino de trabajar con alguien. Y tal vez

---

[3] Cf. Kim TAN & Brian GRIFFITHS. 2016. *Social Impact Investing: New Agenda in Fighting Poverty*. Anchor Recordings: Berkshire UK.

podríamos decir que la clave del desarrollo está en esta colaboración con los demás. Son numerosos los ciudadanos que se han embarcado en empresas sociales, conscientes de que su papel consiste en crear círculos concéntricos, donde se afronte la pobreza material con los propios empleados, sus familias, las personas que viven físicamente cerca de la sede de la empresa, etc. En todo caso, al final del camino podemos subrayar que el desarrollo no se da de manera puramente espontánea, sino que es necesaria la decisión personal de alguien que quiera implicarse en el servicio a los demás.

2. Superar la pobreza espiritual

Como hemos dicho antes, el hombre contemporáneo vive en una sociedad que paulatinamente ha ido dejando de lado la fe y la razón, para concentrarse en la experiencia. Esto puede apreciarse a través de narrativas que algunos autores han terminado por llamar «narrativas maestras». Con la descripción de la realidad, o narrando la historia de los pueblos, el hombre contemporáneo consigue explicarse a sí mismo quién es en verdad. Una de estas narrativas es, por ejemplo, la democracia. A lo largo de la historia los pueblos han conseguido cada vez mayor libertad hasta que lograron elegir libremente a sus gobernantes, de manera que la posibilidad de votar se convierte en un ejercicio auténtico de la propia personalidad y todo lo que sea democrático es automáticamente positivo para el hombre. No importa tanto lo que se elige, sino que la elección sea auténticamente libre. Por una parte, tal vez sin demasiada dificultad, podríamos establecer algunas objeciones al moderno sistema democrático, puesto que no todos los ciudadanos tienen la información y la formación suficiente para ejercer su libre derecho al voto. Por otra, no podemos tampoco dejar de reconocer que, como sistema político, la democracia ha otorgado mayores garantías a los pueblos de las que otros métodos políticos habían llegado a conceder. En todo caso, si el hombre moderno se explica a sí mismo con las narrativas o con la descripción de los fenómenos que ocurren en su vida, el camino para recuperar la riqueza espiritual que tantas veces se ha perdido puede tomar igualmente el camino de la narrativa de la propia vida, que incluye nuestra historia, sociedad, cultura y religión.

Algunos autores afirman que las grandes religiones monoteístas, como el cristianismo, el judaísmo o el islam, configuran también una narrativa maestra que explica determinados comportamientos de los ciudadanos en algunas naciones. Como habíamos afirmado antes, siguiendo a Dawson, estas religiones de la humanidad han dado lugar a grandes civilizaciones y, por tanto, en cierto sentido el mensaje espiritual que otorgan de hecho se declina como una cultura. En el caso del cristianismo, el mensaje de la Revelación divina contenido en las Sagradas Escrituras y en la Tradición viva de la Iglesia se concreta en un modo de vivir la fe que lleva a las personas a perdonar a los demás; a acoger a todos, también a quienes no pertenecen a la propia etnia, clase social o tribu; a sentir compasión por los que sufren, lo mismo si no comparten la fe o si se encuentran físicamente lejos de nosotros; y finalmente, a vivir una caridad concreta, que lleve a prestar eficazmente una ayuda a los demás. Por cuanto se refiere a los cristianos —ya que no tenemos el conocimiento suficiente para hablar ahora de los demás grupos religiosos— esta era la conciencia de su propio vivir: la fe se encarnaba en obras y estas obras manifestaban la fe.

Quien desee recuperar la convicción de su propia fe, es decir, la convicción de trabajar con la seguridad de colaborar con el Creador en la perfección de la creación, puede crear una narrativa de la historia de su vida. En muchos casos es gracias a la fe de nuestros abuelos y de nuestros padres que somos quienes somos: por su honestidad aprendimos a trabajar y por su fidelidad forjamos nuestras propias familias. Si se trata de una institución o empresa, la narrativa puede simplemente ampliarse: por el deseo de contribuir desinteresadamente al bien común, muchas instituciones religiosas o grupos de personas inspiradas por la fe de los cristianos surgieron para ayudar especialmente a los más necesitados, creando así hospitales, hospicios, escuelas, universidades, asilos de ancianos, asociaciones culturales y religiosas, etc. Muchos de esos centros continúan su marcha también hoy, a pesar de que en ellas haya muchas menos personas que comparten la fe de sus fundadores. En todo caso, la historia de fe de las instituciones forma parte de su identidad, es indeleble y quien desee recuperar la identidad espiritual del propio obrar institucional, podría recordarlo.

Los miembros del parlamento inglés, por ejemplo, pueden hacer juramento público en el nombre de Dios, afirmando ante Dios Todopoderoso que servirán al Rey y a sus sucesores de acuerdo con la ley, y también pueden jurar sobre un libro sagrado: la Biblia, el Corán, la Torah, etc. En ocasiones, algunos grupos han buscado eliminar toda referencia a la religión, pero no son pocos quienes lo reconocen imposible. Entre quienes subrayan el papel que tienen las creencias religiosas en la esfera pública encontramos al filósofo Jürgen Habermas. Este autor asistió en Zúrich al funeral de un amigo suyo, Max Frisch. Se reunieron numerosos filósofos, la mayor parte ateos, dentro de los muros consagrados de una Iglesia para despedir a su amigo, que había perdido la fe en Dios. Quien había sido la pareja de Frisch en los últimos años, pidió que no hubiera en ese funeral ninguna oración, que no viniese ningún sacerdote y que nadie pronunciase ni siquiera un «amén». Para Habermas, la necesidad que tenían aquellos intelectuales de despedir a su amigo en ese lugar sagrado demostraba que era imposible para la modernidad explicar de manera satisfactoria el problema de la muerte; por tanto, tenían que reunirse ahí, donde había un misterio, un más allá, un algo capaz de satisfacer la falta que experimentaban todos de su ser querido.

En otras ocasiones, bastará con dar razones de la propia fe, resaltando el bien que significa para aquellos que creen y narrando el modo concreto en que se expande a su alrededor. Con la intención de subrayar las consecuencias sociales de las propias convicciones, en una reunión con importantes empresarios en Roma, se invitó a hablar a un sacerdote argentino, Jorge García Cuerva, hoy arzobispo de Buenos Aires.

Este sacerdote trabajaba entonces en una villa miseria en San Isidro, una zona cercana a Buenos Aires. Las villas miseria son chabolas donde hay mucha pobreza de tipo material, pero también violencia y abusos de todo tipo que constituyen una gran pobreza racional. El sacerdote quería contribuir a aliviar la condición de las veinticuatro mil familias que viven allí llenando el barrio de riqueza espiritual. Lo primero que hizo fue promover la devoción a la Virgen María, así que con la ayuda de la gente construyó una capilla a la Virgen de la Cava, de manera que sintieran que era una devoción propia y acudiesen a rezar. Además, el sacerdote se dedicó a visitar a las familias, sobre todo a las madres de familia que habían sido encarceladas en una prisión femenina que estaba en ese barrio. Promovió que se viviese con mayor higiene dentro de lo posible, ya que las aguas negras corren a espacio abierto en ese barrio y sus habitantes no cuentan con fácil acceso al agua potable.

Pero lo más difícil era trabajar con los jóvenes, que eran presa fácil de vicios y de grupos criminales. En una correccional juvenil localizada en ese barrio, el padre Jorge buscaba dar esperanza, instruyendo a los jóvenes en la fe. En una de sus visitas presenció con dolor una gran pelea y pudo observar cómo uno de los jóvenes traspasó a otro con la pata de una silla dejándolo parapléjico para siempre. El relato de esta dura condición de la gente de «la Cava» —que es el nombre de esa villa miseria— quedó como suspendido en el aire, cuando el sacerdote mostró a los empresarios la fotografía de un muro que dividía sus veinticuatro mil feligreses de un barrio mucho más rico, donde había casas con amplio jardín y piscina. Solo un muro de ladrillo impedía la comunicación entre dos mundos donde vivían seres humanos que son iguales, pero que tienen un destino y una condición muy diferentes. Ese muro no es material, sino existencial. Uno de los directores internacionales del banco de desarrollo islámico estaba presente y afirmó que en donde él vive no había conocido héroes como el padre Jorge, que desde hacía muchos años vivía en la Cava y que no había querido dejar ese barrio cuando se lo propusieron.

Tal vez haya muchos más héroes desconocidos, que profesan otra fe, o que viven en zonas que ni siquiera imaginamos. El punto es que quienes viven de esta manera y prestan estos servicios, no lo hacen por obtener riqueza económica, ya que ese modo de vivir para los demás no tiene precio. Y tampoco parece que lo hagan para experimentar que hacen algo bueno por los demás, ni queda claro que este modo de actuar esté motivado por la búsqueda de una mayor autoestima. Incluso si lo hicieran por vivir una desinteresada filantropía y pagar así a la humanidad el bien de su propia salud y riqueza, su obrar no se explicaría plenamente. Muchas de las personas que sirven a los demás de esta manera lo hacen porque en los demás ven el rostro de Dios. Tal vez haya alguien que no comparta su fe, pero nadie puede decirles que no hacen algo bueno.

La consideración de las consecuencias de la propia fe, que constituye una auténtica riqueza espiritual, no es una tarea reciente. Ya san Agustín invitaba a esta consideración dentro de las presiones que vivían los cristianos en el Imperio Romano, cuando escribía: «Por lo tanto, los que dicen que la doctrina de Cristo es enemiga de la república dennos un ejército de soldados como los exige la doctrina de Cristo. Dennos tales provinciales, tales maridos, tales esposas, tales padres, tales hijos, tales amos, tales siervos, tales reyes, tales jueces, tales contribuyentes y cobradores de las deudas del fisco, como los quiere la doctrina cristiana, y atrévanse a decir que es enemiga de la república. Más aún, no duden en confesar que, si se la obedeciera, prestaría un gran vigor a la república»[4]. El desafío de san Agustín tiene vigencia también en nuestros días.

3. SUPERAR LA POBREZA RACIONAL

El capítulo 12 de la obra de Antoine de Saint Exupéry, *El principito*, relata el encuentro que tiene el protagonista con un bebedor. Se trata de un encuentro muy breve, que deja al chico hundido en una gran melancolía.

> —¿Qué haces ahí? —le dijo al bebedor, que encontró instalado en silencio ante una colección de botellas vacías y una colección de botellas llenas.
> —Bebo—respondió el bebedor, con aire lúgubre.
> —¿Por qué bebes? —le preguntó el principito.
> —Para olvidar —respondió el bebedor.
> —¿Para olvidar qué? —inquirió el principito, que ya lo compadecía.

---

[4] SAN AGUSTÍN. *Carta a Marcellino.* Carta 138, 2:15. Traducida por Lope Cilleruelo.

—Para olvidar que tengo vergüenza —confesó el bebedor bajando la cabeza.

—¿Vergüenza de qué? —se informó el principito, que deseaba socorrerlo.

—¡Vergüenza de beber! —concluyó el bebedor que se encerró definitivamente en el silencio.

Y el principito se fue, perplejo[5].

El problema de la pobreza racional que deseamos abordar nos lleva a considerar cómo conseguir esa prudencia para obrar en vista de una vida mejor. En el caso de este bebedor, algunas personas dirían que el camino para mejorar su vida pasaría a través de una consideración del sentido de su existencia, que es lo que el principito buscaba preguntarle. Pero otras personas considerarían que el camino hacia una vida mejor, orientada por la prudencia del buen vivir, estaría en un orden social que llevase hacia la virtud. Esta era la idea de Aristóteles, por ejemplo, para quien la sociedad debería promover la virtud en los ciudadanos. Desde entonces ha habido muchas teorías sobre la justicia y los modos para sugerirnos un camino hacia una vida mejor. Estas teorías a veces subrayan la importancia de la conversión personal y, en otras, destacan más bien la importancia de contar con buenas instituciones sociales. Parecería que la verdad está en algún lugar entre ambas perspectivas o, mejor dicho, en la consideración unitaria de la persona y de la sociedad.

---

[5] Antoine DE SAINT EXUPÉRY. *El principito*. Disponible *online* www.microtop.ca

En primer lugar, consideremos la posibilidad de una conversión personal; más tarde nos enfocaremos en la creación de estructuras sociales virtuosas. Ahora deberíamos proceder muy despacio, porque la pobreza racional en nuestro tiempo es lamentablemente muy abundante. La embriaguez, la violencia, las drogas, la pornografía, la envidia, la soledad, etc. son pobrezas racionales que erosionan en mayor o menor medida la vida del hombre moderno. El riesgo que representan para nosotros está en que pueden convertirse en una auténtica trampa. Estos vicios son pobrezas, porque no suelen atrapar al ser humano «solamente una vez» en actitudes donde no pasa nada, sino que configuran la vida de quien se encierra en su oscuridad silenciosa aislándolo de los demás. Si ese silencio parece un abismo definitivo, es también en ese silencio donde se encuentra un camino para salir de ese estado de aturdimiento total en que el ser humano es capaz de caer. En el silencio la historia adquiere peso y se juzga el presente con serenidad. En el silencio se reflexiona sobre el futuro y, muchas veces gracias a la ayuda de los demás, se emprenden los pasos necesarios para cambiar la propia condición. El silencio es el contexto necesario para nuestra conversión, porque ahí consideramos quiénes somos y quiénes deseamos ser. El bebedor crea silencio para protegerse del diálogo con el principito y continuar su constante huida de la realidad. Existe otro tipo de silencio que da lugar precisamente al diálogo consigo mismo y con el Creador, donde se comprende mejor el sentido de la propia existencia. Pero es que, además, es en el contexto de la reflexión humana que se alcanza lo contrario de la vergüenza, del miedo, del rechazo, de la ignorancia, de la soledad. Lo contrario a esas pobrezas son importantes riquezas racionales que podríamos resumir en conceptos como la justicia, la alegría y la paz.

El sabio poeta que hemos venido siguiendo nos recuerda que el camino para la caridad –que es contraria al miedo– es la prudencia como una actitud personal humana que nos lleva constantemente a valorar nuestra vida de acuerdo con el fin último que nos hemos fijado. Aristóteles diría que esta es la tarea de la ética general o la vida virtuosa. Si los vicios construyen una segunda naturaleza que encierra al individuo en su propio desorden, las virtudes también pueden otorgar a cada persona como una segunda naturaleza que le inclina naturalmente hacia la verdad y el bien. En todo caso, no parece sencillo encontrar ese espacio para la propia reflexión, especialmente en una sociedad dirigida hacia lo inmediato.

Como observa Adam Alter, los instrumentos de comunicación personal que utilizamos están diseñados para crear una dependencia de ellos. Entre otros ejemplos, este autor relata la historia de un joven americano que cayó en una adicción a un videojuego que cuenta con más de cien millones de usuarios. Fue tal la dependencia de este joven que durante quince días no salió de su departamento, no tomó una ducha, no cruzó palabra con nadie. Encargaba por internet que le llevasen la comida, dormía cuando estaba agotado, y el resto del tiempo jugaba, jugaba y jugaba[6]. Parecía haber quedado hundido en una nueva y muy sutil embriaguez que nos entretiene, sin satisfacernos nunca. Nos encontramos en un camino que se divide: por un lado, la marcha de la justicia y de las instituciones que la garantizan; y, por otro, la moral de la persona que anhela una libertad inalcanzable. El problema es bastante antiguo.

Volvamos a la consideración del otro camino, que nos debería llevar a crear mejores estructuras sociales o a establecer una dinámica hacia la virtud en el modo en que organizamos la sociedad. En 1750, la Academia de Dijon en Francia llamó a un concurso público con la intención de premiar a aquel filósofo que pudiese responder a una pregunta muy sencilla: «¿Es posible afirmar que el avance del arte y de la ciencia ha permitido la mejora de las costumbres?». Entre aquellos que se habían dado cita para responder, se encontraban numerosos individuos que sin especial modestia se hacían llamar hombres ilustrados. Había acudido por ejemplo Diderot, que mantenía correspondencia habitual con Catalina la Grande; igualmente Voltaire, que contaba con el aprecio de Federico de Prusia. Entre los participantes no podían faltar tampoco los fisiócratas que asesoraban al emperador José II de Austria. Mary Ann Glendon afirma que nadie hubiese podido imaginar que las palmas se las llevaría un joven de 38 años, desconocido hasta entonces, que habría de dar como respuesta un contundente: «No».

---

[6] Cf. Adam ALTER. *Irresistible: The Rise of Addictive Technology and the Business of Keeping us Hooked*. New York: Penguin Books 2017.

En su ensayo conocido como *discurso primero*, Jean-Jacques Rousseau sostenía que la moral y las costumbres del pueblo habían declinado desde el momento en que las ciencias y las artes habían avanzado. El arte promovía la sensualidad y actitudes ligeras, la ciencia por su parte creaba extrañas divinidades capaces de competir con la religión verdadera. La razón quedaba elevada por encima de los sentimientos morales, de manera que el aprendizaje alcanzaba más estima que la bondad y que lo honesto. La gente de la ciudad miraba con desdén al campesino y nunca como antes el rico despreciaba al pobre. Los ensayistas políticos hablaban cada vez menos de virtud y cada vez más del comercio. La sociedad estaba anegada de «escritorcillos» capaces de sonreír con sorna ante palabras tan antiguas como patriotismo y religión, entregando en cambio su filosofía y sus talentos a la destrucción y a la difamación de todo aquello que los hombres consideraban como sagrado[7]. Lo apasionante de este comentario no es solo la vigorosa respuesta de Rousseau, sino el valor actual de la pregunta.

Rousseau se convirtió desde aquel día en un gran crítico de la modernidad y durante doce años produjo una auténtica mole de escritos. No obstante, nunca fue un tradicionalista, su profecía consistía sencillamente en elevar el sentimiento moral por encima de la razón, convirtiéndose en el guía hacia el romanticismo para toda una generación. Para quien desea superar la pobreza racional, dejando de lado las

---

[7] Mary Ann GLENDON. *The Forum and the Tower.* o. c., p. 115.

trampas sociales que nos hemos creado como falsas escapatorias, la filosofía política de Rousseau puede ser un camino importante. La fuerza de este autor es descrita por Glendon de manera muy clara, no solo por su carácter brillante y excéntrico, sino porque consiguió una ruptura con todos aquellos que se dieron a la tarea de pensar la organización de la sociedad contando «con la idea que tenían» de la naturaleza humana, sin detenerse a considerar «lo que era la naturaleza humana» en realidad. Para Maquiavelo, Hobbes, Locke y Spinoza, la naturaleza humana no podía ser definida, así que era más simple imaginarla y después construir un orden social encima de esa idea social. Rousseau no se aventura a crear teorías insostenibles, como reputaba los esfuerzos de esos autores, sino que deseará hacer algo muy diferente: critica la posición intelectual de sus predecesores y define la política de acuerdo con la naturaleza humana que existe realmente, sin necesidad de imaginarla. En su «discurso sobre la desigualdad» rechaza toda ruptura con las teorías políticas clásicas basadas en la virtud e intenta describir lo que deberían haber sido los hombres en su estado natural[8].

El resultado del esfuerzo intelectual de Rousseau no terminó siendo tan atractivo para los intelectuales de su época como su comienzo, pero marca el camino de quien ve en las instituciones sociales el problema de la pobreza racional: el bebedor bebe porque la sociedad le oprime, el jugador de videojuegos llega a la adicción porque es arrastrado por la tecnología,

---

[8] *Ibid.*, pp. 118-119.

el funcionario es deshonesto porque gana poco, el trabajador es perezoso porque no tiene suficientes incentivos y así un largo etcétera.

Rousseau llevó este modo de concebir el desorden social al extremo. Para él la sociedad civil era lo que creaba en todos los casos una alteración en la naturaleza humana, al punto que la dañina sociedad de los hombres nace desde el momento en que un individuo anuncia a los demás: «¡Esto es mío!». La propiedad privada es, en opinión de este autor, la fuente de las rencillas entre los hombres y la ocasión para que manifiesten su envidia. Esta propiedad privada es el centro de todos los problemas sociales ya que el hombre moderno, a pesar de estar rodeado por la filosofía, por la civilización y por los códigos morales, se encamina desaforado a la búsqueda del honor sin virtud, de la razón sin sabiduría, del placer sin felicidad[9].

Rousseau fue menos exitoso al crear una propuesta propia que al criticar las propuestas de los demás. En la idea de este filósofo, la sociedad podría ser gobernada de acuerdo con la voluntad general, propia de ciudadanos comprometidos con una verdad que valiese lo mismo para todos. Esto exigiría un esfuerzo que Rousseau consideraba tan banal como la supresión de la propiedad privada, el esfuerzo consistiría en «purificar» la voluntad de cada individuo de manera que fuese posible llegar a una voluntad general comúnmente aceptada y que buscase el bien para todos por igual. La justicia, la paz, el orden y armonía

---

[9] *Ibid.* p. 121.

sociales se conseguirían gracias al cambio en las instituciones sociales. Sería necesario para esto contar no solo con ciudadanos virtuosos, sino sobre todo con un legislador extraordinario, capaz de persuadir a los ciudadanos sobre la importancia de las reglas de esta sublime sociedad. La ley terminaría por convertirse en un instrumento de transformación del hombre y quien fuese llamado a redactar la ley debería tomar conciencia de su poder para cambiar la naturaleza humana. El gran deseo de Rousseau para obligar a los hombres a ser libres le llevó a definir un estado totalitario, donde cada persona tenía la libertad únicamente de vincularse de manera absoluta al contrato social.

Este modo de reflexionar sobre la sociedad es muy peligroso y no han sido tristemente pocas las regiones del mundo donde los líderes han puesto en marcha este racionalismo social. En definitiva, el gran pensamiento de Rousseau no debía haberse concretado nunca en un gran proyecto político porque aplastaba de manera constante la libertad personal: el contrato social en la práctica era contrario a la idea que le daba origen, es decir, que el diseño del buen gobierno debería ser ejecutado por aquellos que creyesen que el buen gobierno se basa en reflexión y elección. Glendon concluye que Rousseau fue en realidad un Homero de los fracasados, un hombre que supo asumir la humillación de la humanidad para denunciarla y así hacer un llamado a la multitud de los desesperados de su tiempo. En realidad, no es el único que lo ha hecho, ni será el último que lo hará, así que conviene volver a considerar nuestra idea original: la riqueza del hombre es a la vez personal y social; su capacidad de ordenar la realidad de manera racional es a la vez histórica y cultural; su felicidad plena está siempre orientada hacia la trascendencia y al sentido pleno de su vida, sentido que después de mucho esfuerzo con gran probabilidad encontrará en Dios.

4. Conclusión: Riquezas humanas

Llegados al final de nuestro último capítulo podríamos recordar que aquello que entusiasma al hombre no son los problemas ni las dificultades, sino las soluciones y los desafíos. El bien y la verdad llaman de manera natural a la puerta del espíritu humano y nos permiten acudir a su encuentro. La riqueza material es atractiva para cada persona, no sencillamente porque se traduce en términos de poder y dominio, sino sobre todo porque el ser humano encuentra en el bienestar la bendición de Dios y el aprecio —más o menos sincero— de los demás. La riqueza racional es fascinante no solo porque nos permite considerar la validez de nuestras propias teorías sino sobre todo porque la razón explica la realidad, la transforma y hace comprensible nuestro mundo. Las más altas ideas son expresión de espíritus profundos que han sabido considerar lo esencial del vivir. El contacto con quienes tienen el hábito bueno, la virtud de elevar su espíritu a la contemplación de lo sagrado y de lo mejor, se convirtió en la práctica por excelencia de la educación.

Este modo de comprender la educación, gracias a la convivencia con los sabios, doctos y maestros, llevaría a los filósofos griegos a valorar de manera muy especial la interacción humana. La verdad y el bien de la riqueza racional no es sencillamente un objeto o una realidad que es posible percibir por los sentidos —una hermosa melodía, un perfume precioso—, sino que se encarna en la vida del sabio y del docto. La sabiduría es aclamada desde la antigüedad porque permite al individuo alcanzar el estado más sublime de su propia existencia. Así consideraba Cicerón que en la vida no hay sino dos cosas importantes: realizar cosas dignas de ser escritas o escribir cosas dignas de ser leídas. Su tarea jurídica no tenía sentido únicamente, ni principalmente, en el arco de su propia existencia. Ese modo de vivir y de comprender la propia misión en la vida es una riqueza racional, que da valor a cada instante y lo proyecta hacia la eternidad. Y es justamente esa actitud la que coloca a cada persona en el camino de la trascendencia y de la riqueza espiritual. Hablar de riqueza espiritual no es demostrar el valor de un objeto material, y ni siquiera la profundidad de una reflexión. Hablar de riqueza espiritual es unir la verdad y el bien en un concepto único, de manera que cuando la máxima verdad se une al máximo bien, se crea belleza. Y esa belleza es una expresión de algo que no es posible sencillamente comprender —como la verdad— y que no se puede simplemente desear —como el bien—, sino que es algo que deja al espíritu humano sin palabras, sin conceptos, sin otra actitud que la contemplación. Esta riqueza espiritual lleva constantemente a descubrir con asombro al Creador del universo que, para quien tiene el don de la fe, es una persona que de hecho nos ama y sin la cual no tiene sentido nuestra existencia. La riqueza espiritual es en definitiva encontrar algo que resuelva el dilema de nuestro vivir y haga del largo, ancho y profundo de nuestra vida un acto constante de amor de Dios.

La riqueza material, racional o espiritual no es nunca algo para el individuo, siempre se habla de riqueza como algo objetivo, no es nunca subjetivo, porque la riqueza es para los demás. Si solo nosotros pensásemos que somos ricos materialmente, seríamos locos, porque los demás no podrían apreciar la riqueza material de la que hablamos. La riqueza material tiene una medida objetiva y solo se es rico o pobre si se establece una medida de qué es lo rico o pobre, o de quién es rico o pobre. Siempre habrá alguien más rico y alguien más pobre que nosotros. La riqueza racional exige la comprensión de aquello que se dice, de lo contrario se convierte en un arte oscuro e ininteligible, que los espíritus más sencillos se limitan a ignorar y los más complejos a destruir. Una ciencia escrita por un científico con la intención de ser comprendida sobre todo por él mismo puede ser sencillamente un monumento a la autocomplacencia. La riqueza racional existe para los demás, y cada profesor y cada maestro saben que son pocos los gozos que superan el ministerio de la enseñanza, el compartir e ilusionar con lo sabido, el animar a comenzar donde otros han llegado, porque iluminar el alma humana es una tarea divina, confiada al pobre arte de los hombres. Y de la riqueza espiritual hay que decir que Dios creó el mundo para sus criaturas de la nada; que quien no tenía necesidad de nada ni de nadie, decidió correr el riesgo de la libertad para enseñarnos que hay más riqueza en un acto de amor que en mil debilidades y desprecios.

Si no hicimos un libro sobre la riqueza es simplemente porque la riqueza no se encuentra en cada persona, sino en todos los demás. Todos somos distintamente ricos porque recibimos la existencia de Dios, el pensamiento y el amor de los demás, las cosas de nuestro trabajo. Esta riqueza se amplifica en la medida en que nuestro espíritu alcanza altura y amplitud. En cambio, la pobreza es bastante parecida en nuestra vida, es fruto de la miseria humana, de la cerrazón y el aislamiento, del olvido de Dios. Poner nuestra atención en la oscuridad de la pobreza no es sino invitar a contemplar la luz de la riqueza que nace a su alrededor, dando esperanza. Ahora tocará a cada persona continuar con su camino hacia la riqueza que se encuentra dando algo, lo que se desee, pero algo a los demás. Al dar tiempo se multiplicará el propio obrar, al dar nuestros bienes a los demás con sentido de responsabilidad y generosidad podremos valorar lo que es verdaderamente importante, al dar la vida a Dios se podrá encontrar de nuevo, pero multiplicada por cien y para siempre.

BIBLIOGRAFÍA

Magisterio de la Iglesia Católica

Benedicto XVI. 2005. *Deus Caritas* Est: carta encíclica sobre el amor cristiano. Disponible en www.vatican.va

Benedicto XVI. Homilía. 24 octubre 2010. Disponible *online*: www.vatican.va

Francisco. 2020. *Fratelli Tutti*. Encíclica sobre la fraternidad universal humana. Disponible en www.vatican.va

Francisco. Discurso. 7 agosto 2013. Disponible en www.vatican.va.

Pablo VI. 1967. *Populorum Progressio:* carta encíclica sobre la necesidad de promover el desarrollo de los pueblos. Disponible en www.vatican.va

Libros

Alter, Adam. *Irresistible: The Rise of Addictive Technology and the Business of Keeping us Hooked*. 2017. New York: Penguin Books.

Burt, Martin. 2019. *Who owns poverty.* IPG: Chicago.

Cantalamessa, Raniero. 2014. *Povertà.* Ancora: Milano.

Chafuen, Alejandro. 2009. *Raíces cristianas de la economía de libre mercado.* El buey mudo: Madrid.

Dawson, Christopher. 2001 (1929). *Progress and Religion: An Historical Inquiry.* Catholic University of America Press: Washington DC.

De Muralt, André (trad). 2010. *Aristote. Les Métaphysiques.* Paris: les Belles lettres.

Decok, Wim. 2019. *Le marché du mérite: Penser le droit et l'économie avec Léonard Lessius.* Zones Sensibles: Bruxelles.

Del Portillo, Álvaro. 2014 (1992). *Entrevista sobre el Fundador del Opus Dei* por Cesare Cavalleri. Rialp: Madrid.

Domingo Osle, Rafael & Rodríguez-Fraile Díaz, Rodrigo. 2022. *Espiritualizarse.* disponible *online*: www.espiritualizarse.com

Easterly, William. 2013. *The Tyranny of Experts: Economists, Dictators, and The Forgotten Rights of The Poor.* Basic Books: New York.

Glendon, Mary Ann. 2011. *The Forum and the Tower: How Scholars and Politicians have Imagined the World from Plato to Eleanor Roosevelt.* Oxford University Press: Oxford.

Hausmann, Ricardo & Hidalgo, César. 2013. *The Atlas of Economic Complexity: Mapping Paths to Prosperity.* MIT: Cambridge.

Hervada, Javier. 2005. *¿Qué es el derecho? La moderna respuesta del realismo jurídico. Una introducción al derecho.* Eunsa: Pamplona.

Maritain, Jacques. 1972 (1947). *The Person and The Common Good*. Notre Dame University Press: Indiana. Translated by John J. Fitzgerald.

Melé, Domenec. 2020. *Valor humano y cristiano del trabajo: Enseñanzas de s. Juan Pablo II*. Pamplona: Eunsa.

Moyo, Dambisa. 2009. *Dead Aid: Why Aid Is Not Working and How There is a Better Way for Africa*. Farrar, Strauss and Giroux: New York.

Platón. *La República*. Edición del año 2000. Cambridge Texts in the History of Political Thought. Edited by G.R.F. Ferrari and translated by Tom Griffith. Cambridge University Press: Cambridge

Pieper, Josef. 2010. *Las virtudes fundamentales*. 3.ª ed. Rialp: Madrid.

Rodríguez Luño. 2007. *Elegidos en Cristo para ser santos: Tratado de moral fundamental*. Palabra: Madrid.

Sacks, Jonathan. 2009. *The Home We Build Together: Recreating Society*. Bloomsbury: London.

Samuelson, Paul A. 1956 (1948). *Economia*. Traduzione e appendice di Pietro Castiglioni. Unione Tipografica Editrice Torinese. Torino. Originale: Economics: An Introductory Analysis. Mc Graw Hill: New York.

Sandel, Michael. 2010. *Justice: What is the Right Thing to Do?* Straus and Giroux: New York.

Smith, Adam. 1991 (1776). *An Inquiry Into the Causes of the Wealth of Nations*. Prometeus Books: New York. Book I.

Spaemann, Robert. 1991. *Felicidad y Benevolencia*. Rialp: Madrid.

Tan, Kim & Griffiths, Brian. 2016. *Social Impact Investing: New Agenda in Fighting Poverty*. Anchor Recordings: Berkshire UK.

Tosato, Angelo. 1994. *Economia di mercato e cristianesimo*. Borla: Roma.

Von Mises, Ludwig. *The Human Action: A Treatise on Economics*. Vol 1. Liberty Press.

Yunus, Muhammad. 2009. *Creating a World Without Poverty: Social Business and the Future of Capitalism*. Public Affairs: New York.

Obras clásicas de espiritualidad *online*

Tomás de Aquino. *Suma de Teología*, II-II. BAC: Madrid.

S. Josemaría Escrivá. *Es Cristo que Pasa*. Disponible en www.escrivaworks.org

San Agustín. *De Civitate Dei*. libro XIV. Disponible en www.augustinus.it

San Agustín de Hipona. *Carta a Marcellino*. Carta 138. Traducida por Lope Cilleruelo. Disponible en www.augustinus.it

San Agustín. *Confesiones*. Libro X. Disponible en www.augustinus.it

Otras fuentes

Abhijit Banerjee. Esther Duflo. 2020. *How Poverty Ends: The Many Paths to Progress and Why They Might Not Continue*. Foreign Affairs 2020 (January/February). p. 22-29.

Antoine de Saint Exupéry. *El principito*. Disponible *online* www.microtop.ca

Hackl, A. (2018) *Mobility equity in a globalized world: Reducing inequalities in the sustainable development agenda.* World Development, 112, 150-162. https://doi.org/10.1016/j.worlddev.2018.08.005.

Marx, Karl & Engels, Friedrich. 1972 (5 de septiembre 1847). *"Der Kommunismus des «Rheinischen Beobachters»"* en Werke, vol. 4, Berlin: Dietz Verlag. pp. 191 - 203, p. 200. Disponible en: http:// www.mlwerke.de/me/me04/me04_191.htm

Sacks, Jonathan. *Diálogo con Charles Taylor.* Disponible en www.rabbisacks.org

Ocáriz, Fernando. "El IESE y la función de la empresa en la sociedad". 5 julio 2019. Disponible en www.opusdei.org

UN Migration Report 2022: www.migrationnetwork.un.org

Migration Policy Institute Report. Disponible *online*: www.migrationpolicy.org

Base de datos del Banco Mundial: www.povertydata.worldbank.org

WEF. 2015. Towards a New Global Consciousness. Vatican Event Report. Global Agenda. Disponible en www.weforum.org

ESTE LIBRO, PUBLICADO POR
EDICIONES RIALP, S. A.,
MANUEL URIBE 13-15, 28033 MADRID,
SE TERMINÓ DE IMPRIMIR
EN ARTES GRÁFICAS ANZOS, S. L.,
FUENLABRADA (MADRID),
EL DÍA 7 DE MARZO DE 2024.